まえがき

「図でよむ心理学　発達」が発行されてから，すでに10年近い歳月が流れた。この「図でよむ心理学」シリーズは，発行当時から多くの大学の教科書として採用されてきたと聞いている。また多くの先生方から大学の教科書として図が多く盛り込まれていることで授業がやりやすいという話をうかがっている。

「図で読む心理学」シリーズの出版のきっかけは恩師である高野清純先生との大学の教科書についての話の中で，日本の心理学の教科書はアメリカの教科書と比較すると，なんと貧弱なのだろうという話から始まったものである。さらに日本の大学のシステムを考えると適切な教科書とはどのようなものであろうかという議論になった。大学の授業について文部省は，大学設置基準法21条において「単位数を定めるにあたっては，1単位の授業科目を45時間の学修を必要とする内容をもって構成することを標準とし……」としている。すなわち大学での1単位を授業時間と教室外での予習・復習を併せて45時間の学修が必要であるとしている。しかし，一方では授業形態によっては最低15時間でよいという基準もある。そのために日本の大学の現状は学生も教師の側も最低条件である授業だけを中心に大学の学修と考えていることが多い。

このような状況から大学の教科書についても日本においては多くの知識が詳しく述べられているような教科書を望むのでなく，授業時間中に黒板等を使用するにあたって参照するための図が多く，授業を進めやすくする程度の教科書を望んでいることがわかる。さらに学生の側からも高い授業料を払っているにもかかわらず（1コマ当たりにすると国立大学でおよそ2千円弱，私立に至っては約4千円），授業料からすれば1コマ程度の金額を教科書のために出し惜しむ傾向がある。以上のような理由から大学の教科書としては，金額が安く教師が使いやすい図や表が豊富であり，説明は教師が行うために簡単なものがよいということになる。本書はその意味で日本の大学の教科書としては最適なものであるといえるであろう。

このような観点は日本の大学の教科書が欧米とは異なる独自な側面を持ってい

るといえるかもしれない。すなわち，小学校以来，中学校から高校へと教科書は薄くて費用のかからないものであり，詳しい説明は教師が行うが，あるいは参考書を使うべきであるという習慣が身についているのである。そのような意味でも本書のような図や表を中心とし基本的な説明に徹した教科書は，日本における大学の教科書として最適なものであると考えられる。

　さて，今回の改訂にあたっては，この10年あまりの間に発達の領域で話題になったり，新しい知見が現れたトピックスを中心に改訂を行った。それらの幾つかの項目は2つ以上の章にわたり説明が行われている。新しい項目の一部を例にあげると「心の理論」，環境ホルモンの影響，ネオテニーなどがある。「心の理論」は，自閉症の理解を中心とした特殊教育の場面から発達一般についても新しい見解が提出されてきた。実際「心の理論」の研究によって自閉症児についての理解が大きく変化してきた。以前は自閉症の原因として母親の育て方に問題があるのではないかなどと考えられてきた。しかし現在では誤信課題などを通して健常児と自閉症児を比較することから，その原因として情緒的あるいは認知的な障害であるといわれるようになってきた。また，環境ホルモンの影響についても，1970年頃から説明が困難な発達障害が見られるようになった。そして1990年代になりホルモンと同じ影響を持つ環境ホルモンが発見されるようになった。これらの新しい知見だけで「発達」全体を特徴づけることは出来ないかもしれない。しかし，それらが発達心理学の研究の中で従来とは異なる視点を提供し始めているということはいえるであろう。

　最後になるが，本書の作成にあたって企画から校正まで気を配っていただいた福村出版編集部に厚くお礼申し上げる。

　　2001年1月

編者　川島　一夫

図でよむ心理学

発達
Development

【改訂版】

川島一夫 ◉編著

毛塚恵美子　　蓑毛良助
橘川真彦　　　鈴木情一
首藤敏元　　　渡辺弥生
前田　明　　　岡田　努
中野隆司　　　伊藤裕子
真島真里　　　高尾　正
中山勘次郎　　小宮三弥

福村出版

R〈日本複写権センター委託出版物〉
本書の全部または一部を無断で複写複製（コピー）することは、著作権法上での例外を除き、禁じられています。本書からの複写を希望される場合は、日本複写権センター（03-3401-2382）にご連絡下さい。

目　次

まえがき

1章　発達ということ——発達の理論 ………………………………… 9
　生命誕生の不思議（10）　　ヒトとそっくり，チンパンジー（12）
　偉大な発達心理学者　ピアジェ（13）
　子どもは，いつ頃から人の気持ちがわかるようになるのか（14）
　発達は一生を通して行われる（15）
　双生児研究は遺伝研究の重要な役割（16）　　いろいろな発達の考え方（17）
　生まれた時からもっている行動（18）　　発達に影響する環境ホルモン（19）
　音で物が見えるようになる（20）

2章　子どもの目にうつるもの——知覚の発達と描画の発達 …………… 21
　乳児が好む模様はなに？（22）
　なぜ立体的に見えるようになるのか（23）
　見て危険を察知する！（24）　　赤ちゃんの目にうつるもの（26）
　見える形と触った形（28）　　人が好き　顔が好き（30）
　絵画・映像表現の理解（32）　　子どもの絵はどのように変わるか（34）
　脅威的な描画発達（36）

3章　どこまで大きくなるの——運動能力と身体の発達 ……………… 37
　からだはどのように大きくなってゆくの（38）
　発達加速現象とは何か（40）　　運動オンチは氏か育ちか（42）
　2歳までの運動能力の発達（43）　　歩けるようになるまでには（44）
　ものをつかむのも大変なことだ（45）
　子どもから大人への運動能力の発達（46）
　現代っ子の身体発達上の諸問題（48）

4章　泣くから悲しいのかな——情緒・感情の発達 …… 49

情緒とはなにか（50）　　恐怖は学習される（51）
情緒を引き起こすもの（52）　　情緒の発達（54）
赤ちゃんの微笑と泣きは意味がある（56）　　情緒の立体モデル（57）
表情から情緒を読みとれるか（58）　　お母さんのまねをする赤ちゃん（60）
どこまで他人の気持ちがわかるか（62）　　情緒の表し方もうまくなる（64）

5章　太陽が笑っている——認知発達Ⅰ　児童期の認知発達 …… 65

思考は段階的に発達するのか（66）　　コップがねんねしている？（67）
ものを考えて行動するようになるには（68）
数がかぞえられるようになるためには（70）
ピアジェのいう保存とは（72）　　子どもは空間をどうとらえるか（73）
見えていることと本当のこと（74）
笑っているけれど本当は悲しんでいる？（75）
これなぁに？　どうして？（76）

6章　数学・科学の世界へ——認知発達Ⅱ　青年期以降の認知発達 …… 77

形式的な思考とは（78）　　論理的に考えるのは難しい（80）
科学的思考と素朴な直観（81）　　文字式の理解（82）
自分の限界を知る（83）　　認知的能力のピーク（84）

7章　親子関係とは——愛着と養育態度 …… 85

赤ちゃんはなぜお母さんが好きなの？（86）　　親との愛情の絆（88）
家族の機能と現代の家族（90）　　父親の子育て（92）
養育態度の文化差（93）

8章　友だちのひろがり——友人関係の発達 …… 95

友だちをはじめてつくる（96）
家族より友だちといる方が楽しい年頃（97）　　友だちができてゆく（98）
クラスの構造を見る（99）　　家族から仲間へ（100）
友だちを見て育つ（102）　　友だちを見る目の発達（104）

友人関係が希薄になっている？（106）

9章　頭がいいってどんなこと──知能の発達　………………………107
　　　知能の中味ってどんなもの？（108）
　　　知能は2つの因子に分けられる（110）
　　　ほおっておいても，子どもは育たない（111）
　　　知能を生み出しているものは？（112）
　　　知能検査はどのようにしてつくられたか（114）
　　　知能指数（IQ）ってなに？（116）
　　　WISC（ウイスク知能検査）の特徴は？（118）

10章　音が意味をもつ──言語能力の発達　………………………121
　　　音声が意味をもつまでに（122）　　いかに子が伝え母が理解するか（124）
　　　コミュニケーションの発達（125）
　　　ことばの指示対象を決定する原理（126）
　　　ことばそのものを意識する（128）　　どんな文字をどれだけ読めるか（129）
　　　読みの発達を「目」でみる（130）

11章　エネルギーのもとはなに──動機づけの発達　…………131
　　　おなかがすいたなぁ（132）　　自分はできる！（133）
　　　見たい！　聞きたい！　知りたい！（134）　　やる気と学級の雰囲気（136）
　　　目標に向かって！（138）　　はじめから乱暴な子どもはいない（139）
　　　思いやりも時によりけり（140）

12章　その人らしさの発達──人格と自我の発達　…………141
　　　その人らしさはどうとらえられるか？（142）
　　　子どもの人格と自我の発達（144）　　青年期の人格と自我の発達（146）
　　　現代青年の自我発達（148）

13章　女の子と男の子──性役割と性行動の発達　…………151
　　　人間の性はどのように決まるのか（152）
　　　性別を知ることによる性役割の取り込み（153）

性役割についてのいろいろな考え方 (154)
子どもの性役割行動と親の発達期待 (155)
女（男）に生まれてよかったか (156)　　どう振る舞えばよいのか (157)
体が先か，心が先か (158)

14章　良い子，悪い子，普通の子——道徳性と向社会的行動の発達 ……159
どちらが悪い (160)　　都会人だけが無関心？(162)
子どもって自分勝手？(163)　　人はなぜ他の人を援助する (164)
大勢よりもひとり (165)　　向社会性を育てる (166)
自信のある子はやさしい (167)　　子どもたちのモラルは低下したか (168)
いじめを見ても知らん顔 (170)

15章　発達のつまずき——発達の理論と障害 ……171
いろいろな発達障害 (172)　　いろいろな問題行動 (174)
問題をもった子どものいろいろな治療法 (175)
なにが登校拒否児を生み出すのか (176)
叱ってもいうことを聞かないのはあたりまえ (177)
心の健康と発達のために (178)

引用文献
人名索引
事項索引

1章　発達ということ
■発達の理論

生命誕生の不思議
ヒトとそっくり，チンパンジー
偉大な発達心理学者　ピアジェ
子どもは，いつ頃から人の気持ちが
わかるようになるのか
発達は一生を通して行われる
双生児研究は遺伝研究の重要な役割
いろいろな発達の考え方
生まれた時からもっている行動
発達に影響する環境ホルモン
音で物が見えるようになる

Ⓐ胎内の発達における胎児の各段階（Draperほか，1987）

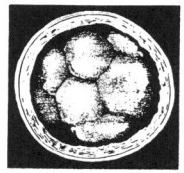

受胎後30時間 　　84時間後 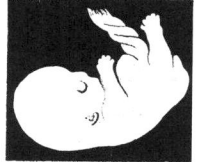　　24日後

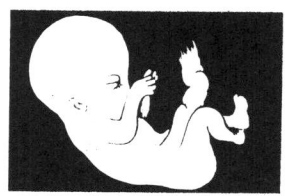

1カ月後 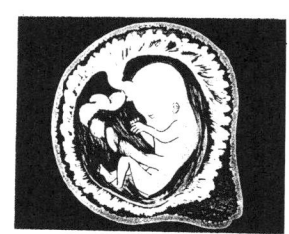　　3カ月後

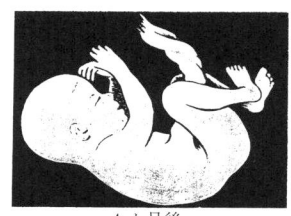

4カ月後 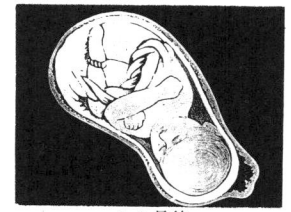　　5カ月後

生命誕生の不思議 ── 受胎から誕生まで

　私たちは，自分たちの身体がどうしてこんなにうまくできているのだろうかと考えてしまう。そして，それは発達という過程を通して現れてくるものであるということも知っている。それだけではなく，発達には遺伝による部分と環境によって影響されるものがあることは自明のことであろう。

　私たちは，人間としての生活が胎内から出生することで始まると考えがちである。しかし，人間としての私たちの生命は精子と卵子の結合による受精によってすでに始まっているのである。そればかりでなく，受精によって誕生した胎児は母親の胎内で刻々と環境の影響を受け成長を続けるのである。

1章　発達ということ　11

Ⓑ受胎後それぞれ6，7週間後のゆびの分化の状態（Hoffmanほか，1988）

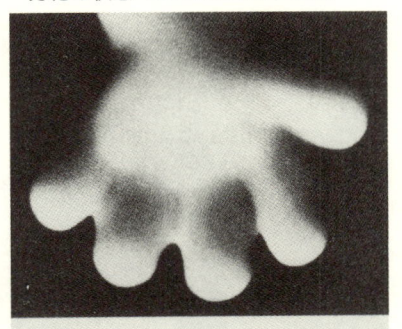

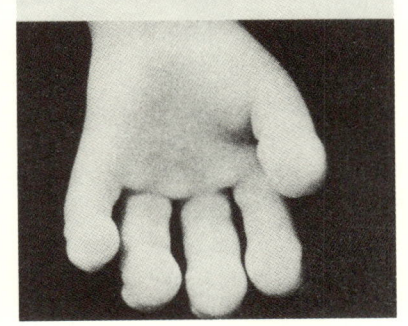

Ⓒ受胎後5週間を経た胎児の骨格：かなり骨格ができている（Hoffmanほか，1988）

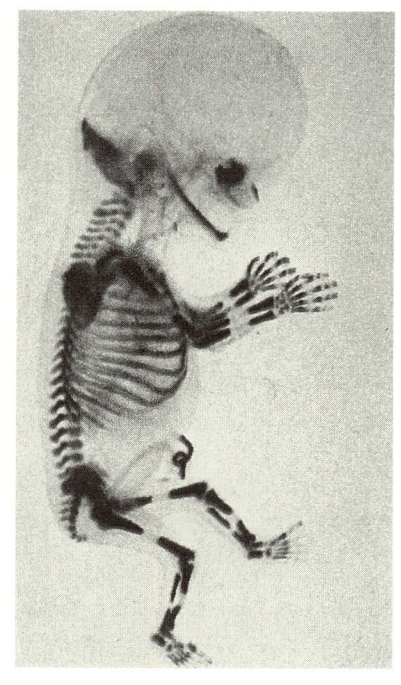

　Ⓐは，受精後30時間を経た時点からの胎児の状態を表したものである。胎児は私たちが考える以上に早くから人間としての能力をもち始めるのである。たとえば，赤ん坊の指しゃぶりが，胎内ですでに行われることは超音波を使用した胎内の写真によって明らかになっていることである。またⒷは，受胎後5週間において身体の一部として手の部分が現れてきたものであり，6週間で指が分かれ始め，7週間たつと手のひらと指とがかなりはっきりと分かれてくるのが見える。

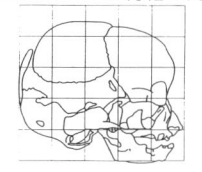

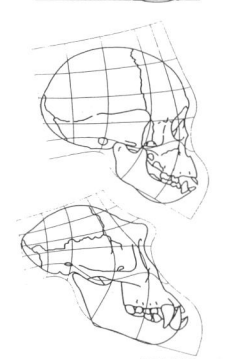

チンパンジーの骨格の発達　　　　チンパンジーの子ども 　　　チンパンジーの成体

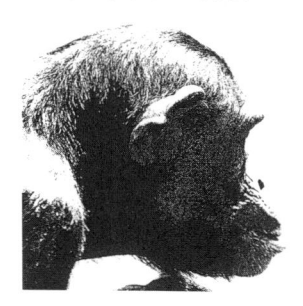

霊長類の妊娠期間や成人になるまでの期間は，かなり長くなっている

霊長類の種類	妊娠期間	性的成熟	初産可能年齢
ニホンザル	175日	3.5年	5～6年
チンパンジー	228日	8年	11～12年
ゴリラ	258日	8年	11～12年
ヒト	266日	12～13年	

＊図の出典：「脳と心」ＮＨＫ出版より

ヒトとそっくり，チンパンジー

ネオテニー (neoteny)：幼形成熟ともいい，人間は身体的には幼児期と同じ状態のまま成熟し生殖が可能になる方向で進化してきたという考え方

　図・写真を見てみよう。右はチンパンジーの成体であり，中はチンパンジーの子どもである。左は，チンパンジーの骨格の発達であり，しだいに下アゴが前に出てくる。チンパンジーの子どもは人間の顔にそっくりであることがわかる。このように，人間の発達は他の動物と比較して，熟成の初期の段階を保つことで，可塑性という大きな成長の可能性を残しているのである。また，チンパンジーと比較した時，子どもの段階から，あまり変わることのない成人の頭部の大きさや大人になっても持ち続ける好奇心の保持は，**ネオテニー**（幼形成熟）の現れであると考えるのがボルクの進化における人の胎児化理論である。

ピアジェ（Piaget, J.）

偉大な発達心理学者 ピアジェ

　ピアジェは，スイスの偉大な心理学者である。彼は自分の子どもを使って，思考や認知の発達と道徳性の発達について研究を行った。その頃の心理学の中心的な考え方であるゲシュタルト理論に対して，発生論的な考えに基づき，認知的な発達にともなって，対応する発達段階に達することで，思考の質的な変化が生じるという，遺伝的な要素を強く取り入れた"発達段階説"を主張した。

　ピアジェは認知的機能の発達において，0歳から2歳くらいまでの"感覚運動期"，2歳から7歳までの"前操作期"，7歳から青年期に至る12歳くらいまでの"具体的操作期"，青年期以降の"形式的操作期"の4つの段階があることを指摘した。

Ⓐ スマーティ課題　　　　　　　　Ⓑ マクシ課題

【マクシ課題】
「マクシは，後で食べようと思いチョコレートを『緑』の戸棚にしまって遊びに出かけました。マクシがいない間にお母さんは『緑』の戸棚からチョコレートを出して少し料理に使い，『青』の戸棚にしまっておきました」という話を聞かせたあと，「マクシが遊びから帰ってきた時，マクシは，チョコレートがどこに入っていると思っていますか」とたずねる課題。

心の理論：「心の理論」とは，外からは見えない他者の心を推測して，その他者がどのように考えるか，なぜそのような行動をするのかを考えること。理論というと大げさであるが，他者の心を予測するときに科学的な理論と同じような機能をもつことから，このような心の働きを素朴理論ともいっている（6章参照）

子どもは，いつ頃から人の気持ちがわかるようになるのか

Ⓐは，「心の理論」の典型的な手続きとしての，スマーティ課題といわれているものである。そこでは，チョコレート菓子の箱の中に鉛筆を入れておき，「この箱には何が入っていると思いますか」とたずねる。そこで「チョコレート！」と答えた子どもに対して「いいえ，違います，鉛筆が入っています」という。さらに「では，これから来るお友だちに同じ質問をすると何と答えるでしょう」とたずねる。その時，友だちの気持ちを考えて「チョコレート」と答えた時に「心の理論」が獲得されていると考える。このような心の理論の「標準誤信課題」として，他にマクシ課題などがある（→Ⓑ）。

以前の発達心理学の中心的主題

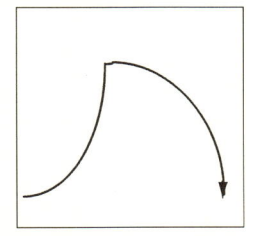

児童期から青年期までの間に一応の発達のピークを迎えるもの：知能や身体的発達が中心

ライフスパン心理学の対象

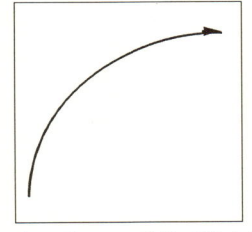

一生を通して，発達が続くもの：経験を通してのバランス感覚や技術の中の見通し感覚（エキスパート）

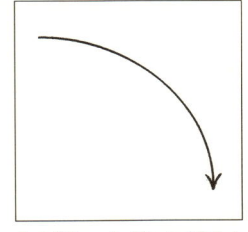

一生の間に，しだいに減少する方向で発達するもの：身体的な発達を中心とした生物学的な側面と社会・文化への影響力

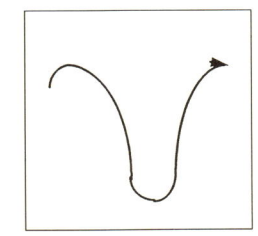

一生の間に，増加したり減少したりするもの：社会や文化への依存する量や，他者（子ども）に対する働きかけ，対人関係は年齢に応じて増加・減少する

発達は一生を通して行われる——ライフスパン心理学

　発達心理学は児童期から青年期までの能力の増加を中心に研究が行われてきたが（上図），しだいに人間の生涯にわたって研究の対象とする生涯発達心理学（ライフスパン心理学）として発展してきている。下図は，一生を通して人は不完全な存在であり発達が続くことを表している。左図は生物学的にみた人間の一生であり，発達の過程で生物としての能力は加齢とともに減少する。中図は文化への要求であり，右図は，文化からの影響力である。このように人間の一生は，①多次元性のある変化，②年齢に対応しない変化と対応した変化，③獲得と損失は相互作用として同時に生ずると考えている。たとえば，エキスパートとしての能力は社会的ストレスにどのように対応するかなどを含んでいる。

自閉症児と心の理論：「心の理論」の研究は，自閉症児に関して多く行われてきている。バロン＝コウエンらは，誤信課題を，自閉症児・ダウン症児・健常な4歳児を対象に行った。その結果，ダウン症児や健常な4歳児の多くは，誤信課題やスマーティ課題を答えられるが，自閉症児はできなかった

一卵性双生児と二卵性双生児の細胞分裂の違いをあらわしたもの（南・藤永，1976）

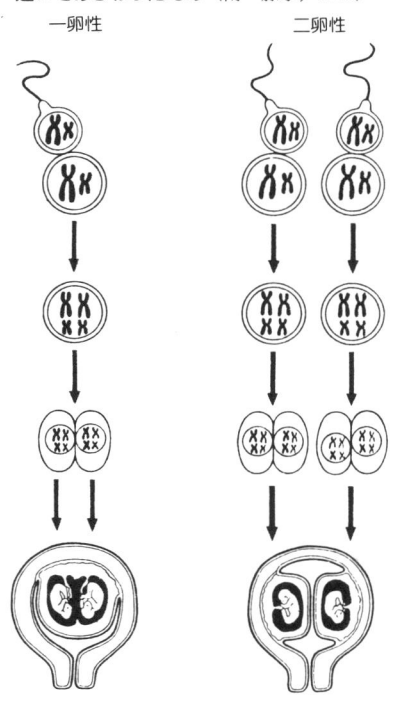

一卵性　　　　　二卵性

よく似ている一卵性双生児

双生児研究は遺伝研究の重要な役割 ── 双生児研究の重要性

　双生児についての研究は，後述されるように遺伝の研究において重要な役割をはたした。それは，遺伝と環境の影響についての論争の中で，同一の環境にある二卵性の双生児や異なった環境にある一卵性の双生児を比較することによってその違いを環境と遺伝による違いであると考えようとしたことである。

　しかし，実際は，それが，たとえ二卵性の双生児であっても，多くの双生児は同一の環境で育ち，私たちが意識する以上に両親は同じように扱おうとするものである。そのために，行動のパターンやしぐさはおどろくほど似てくるのではないだろうか。

▶文献　南博監訳　藤永保訳　1976　人間性の発達（図説現代の心理学2）　講談社

発達心理学の代表的な理論

	精神分析理論	認知発達理論	社会的学習理論
説明の中心	情動 (良心―罪)	思考 (質的な変化) 形式的操作期 具体的操作期 前操作期 感覚運動期	行動 (他者の行動)
メカニズム	「お父さんのいう通り!!」	「ぼくはお父さんと同じ男なんだ!」	「お父さんと同じにしよう」

いろいろな発達の考え方 —— 発達心理学の理論

　発達心理学における理論は、"ピアジェの認知発達理論"、"フロイトの精神分析理論"からの発達の説明、バンデューラらの"社会的学習理論"からのアプローチなどがあげられる。

　たとえば、フロイトの精神分析理論では良心や罪という情動による超自我の形成を発達の中心であると考えている。

　社会的学習理論では、条件づけとモデリングによる行動の形成が発達であると考えている。そこで、子どもの行動に大きな影響をおよぼすものは両親や教師、友人である。

　ピアジェ、コールバーグらの認知発達理論では、認知的な発達にともなって、対応する発達段階に達することで思考の質的な変化が生じることを発達であると考えている。

いろいろな反射

第1次歩行　　　　　　　　　　　モロー反射

バビンスキー反射

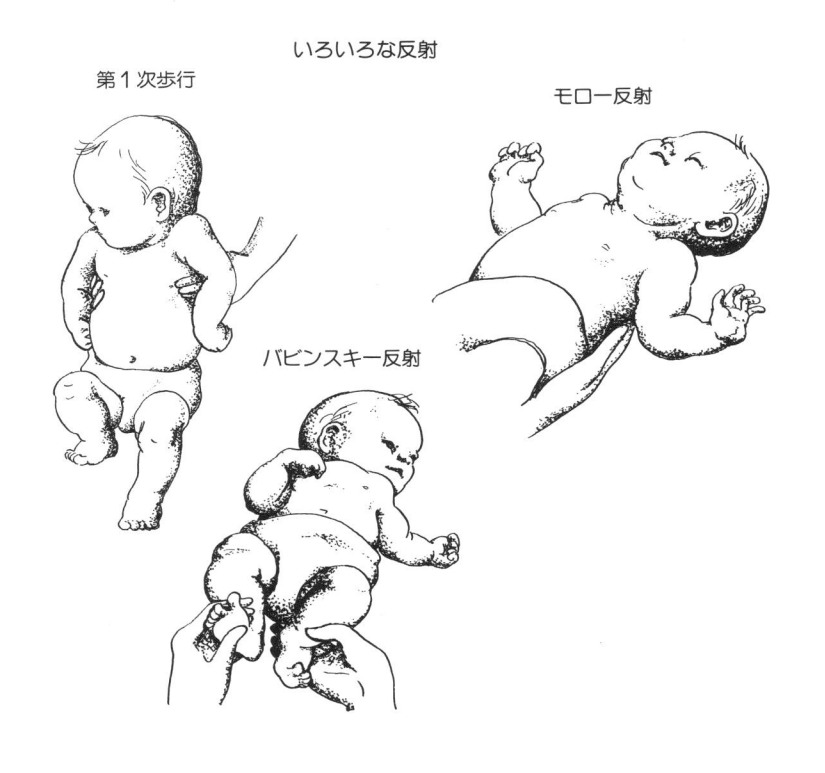

生まれた時からもっている行動 ── いろいろな反射運動

バビンスキー反射：乳児の足の裏に触ると指を上か下かに広げるような反射を示す

モロー反射：突然首や頭の支えをはずすと万歳をするように手を広げる

　乳児は誕生の直後から1年くらいの間に，いくつかの学習されたものではないことが明らかな，特定の刺激に対する反応を示す。左図は，生後1カ月以内に見られる**第1次歩行**といわれるものであり，身体を支えて足の先が床につくようにすると左右の足を交互に前に出すのである。これは，実際にそれを見たものでなければ信じられないかもしれない。中図は**バビンスキー反射**，右図は**モロー反射**という。そのほかにも，発達の過程であらわれるものとしてバブキン反射や物に手をのばす反射，などがある。また，成人においても唾液反射，屈曲反射，膝蓋腱反射，眼瞼反射などがある。

ダイオキシン発生のメカニズム

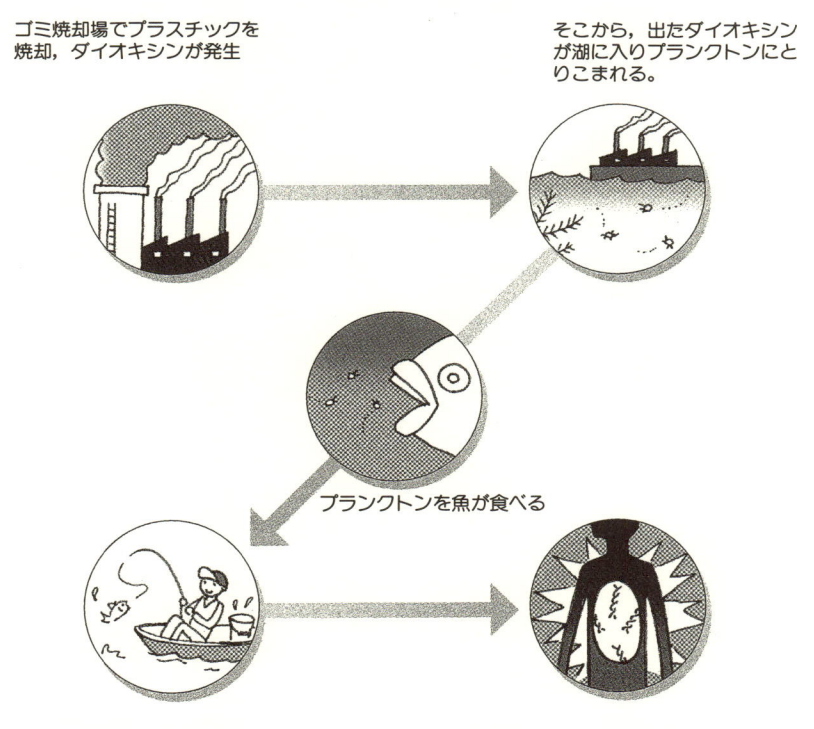

ゴミ焼却場でプラスチックを焼却，ダイオキシンが発生

そこから，出たダイオキシンが湖に入りプランクトンにとりこまれる。

プランクトンを魚が食べる

その魚を人間や鳥が食べる

人間の体の中で，遺伝子に影響する

発達に影響する環境ホルモン

われわれのまわりにある，プラスチックや農薬の中に含まれるダイオキシンやPCBなどの**環境ホルモン**（内分泌攪乱化学物質）は，生物の体内にはいると正常なホルモンと同じように活動することで体内の細胞や器官に遺伝子レベルで影響を与えるという。これまでの研究で明らかになってきたことは，環境ホルモンの活動によって雄の精子の数を減らす影響があるなど，生物の生殖機能を低下させるという。例として雌雄同体の魚やオスの生殖器をもつメスの巻貝が発見されている。鳥類でもタカ，ペリカンなどの生殖腺の奇形，骨の異常などが起こっている。

環境ホルモン：内分泌攪乱化学物質ともいう。環境ホルモンとは，環境中に存在して生物にホルモンと同じような作用を与える化学物質のこと

バウアーの実験（バウアー, 1979）

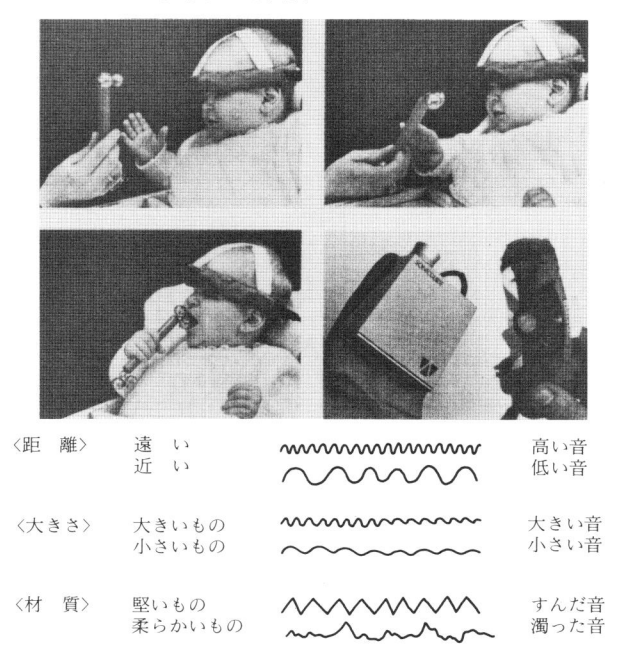

〈距離〉	遠 い 近 い	〰〰〰〰〰 〜〜〜〜〜	高い音 低い音
〈大きさ〉	大きいもの 小さいもの	〰〰〰〰〰 〜〜〜〜〜	大きい音 小さい音
〈材 質〉	堅いもの 柔らかいもの	〰〰〰〰〰 〜〜〜〜〜	すんだ音 濁った音

音で物が見えるようになる

　バウアーらは，先天性の盲児が，反射の段階での反応の時期を過ぎると，乳児として適切な行動を学習することができないのは，生後半年の間に，物の概念の形成が妨げられるからだと考えている。そこで，図のような，超音波発生装置を乳児の頭部に取り付け，物に反射した音を，情報として乳児に返したのである。

　距離の遠近は音の高さとして，物の大きさは音の大きさ（ボリューム）として，物の材質感は音質（澄んだ音か濁った音か）として異なる情報が乳児の耳に与えられたのである。その結果，この超音波発生装置をつけた乳児は，手前の空間を手探りせずに，おもちゃをあたかも，目で見えたものと同じように手にとって口に持ってくることができたのである。

▶**文献**　バウアー　1979　鯨岡峻訳　1982　ヒューマン・ディベロプメント　ミネルヴァ書房

2章　子どもの目にうつるもの
■知覚の発達と描画の発達

乳児が好む模様はなに？
なぜ立体的に見えるようになるのか
見て危険を察知する！
赤ちゃんの目にうつるもの
見える形と触った形
人が好き　顔が好き
絵画・映像表現の理解
子どもの絵はどのように変わるか
脅威的な描画発達

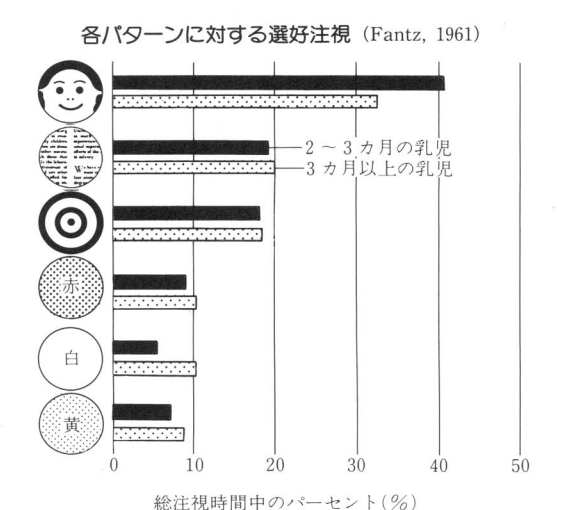

各パターンに対する選好注視（Fantz, 1961）

　　　2～3カ月の乳児
　　　3カ月以上の乳児

総注視時間中のパーセント（％）

乳児が好む模様はなに？ ── 選好注視の実験から

　乳児の目にこの世界がどのように映っているのか，私たちは知りたいと思う。当然ながら，かれらはことばで語ってはくれない。そこでかれらが何をどう見ているのかを知るためには，何らかのテクニックが必要となる。その1つが**選好注視**と呼ばれる技法である。

　これは1950年から1960年代にかけて，ファンツらの研究で用いられている。観察用の小室に仰向けに寝かされた乳児の天井に1つないしは1対の刺激パターンが提示される。小室の天井の覗穴から観察者が乳児の角膜に映るパターンを調べる。その結果，無地の正方形よりは市松模様，赤，白，黄色の無地の円よりも顔，新聞紙の切り抜き，黒白の標的など，より複雑なパターンに凝視がみられた。

虚像を作り出す装置（Bower, Broughton & Moore, 1970）

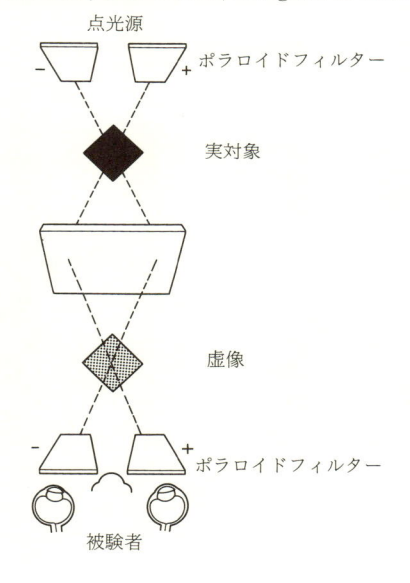

点光源
ポラロイドフィルター
実対象
虚像
ポラロイドフィルター
被験者

なぜ立体的に見えるようになるのか ── 立体視の成立

　私たちの目は左右が5, 6 cm離れた位置にある。したがって，左右の網膜像にずれが生じる（**両眼視差**）。このずれは対象物が近くにあるほど大きくなる。しかし，両眼でみるとき，この2重の像は意識されず，ある距離に位置する1つの対象として知覚される。これが立体感，奥行感の手がかりと考えられている。

　ファンツの選好注視の実験によると，乳児は平らな面よりも立体物に興味をもって注視するという。乳児はいつ頃から，立体的な知覚をもつのだろうか。

　生後2週目の乳児に両眼視差を利用してつくった虚像をみせたところ，手を伸ばし当然のことながら，つかみ損なって泣き出したという報告がある。しかし，両眼視差に対する反応がさまざまな研究者間で一致して認められるのは，生後4カ月以降のようである。

▶文献　下条信輔　1983　乳児の視力発達　基礎心理学研究　**2**, 55-67.

視覚的断崖 (Gibson & Walk, 1960)

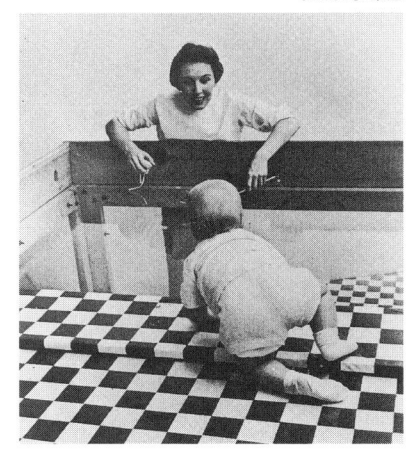

見て危険を察知する！── 視覚的断崖実験から

歩きはじめた子どもは，室内の段差を注意深く乗り越える。縁で奥行きを知覚し，下に落ちる危険を回避する能力は，経験を通して学ばれたものなのだろうか，それとも生得的なものなのだろうか？

ギブソンとウオークは**視覚的断崖**という装置（上図）を考案し，乳児や生まれたばかりの小動物の奥行き（深さ）の知覚について調べている。中央の壇の両側は平らなガラス面であるが，その床面は一方がガラス面のすぐ下に，一方が深く下方に設けられ，こちらはみかけ上，断崖になっている。ハイハイをはじめた乳児（6カ月〜14カ月）は母親が深い側から呼んでもいこうとはしない。他の動物たちはというと，種によってその行動は異なるようだ。生まれてまもないヒヨコ，ヤギ，ヒツジ，ネコは一貫して浅い側を選ぶが，水生動物のカメはそのような傾向を示さなかったという。

運動視差：観察距離の異なる2対象が等しい速度で同じ方向に動くとき，その角速度は観察距離に反比例する。この角速度間の差を運動視差（相対的運動視差）という。単一の静止対象を見ながら頭を動かすときにも視差が生じる（絶対的運動視差）

接近してくる物体への防御反応（バウアー，1979）

A　投影装置（物体が光源に向かっていくとき，スクリーン上の物体の影は大きくなる）
B　真直ぐにぶつかる軌道とぶつからない軌道。前者に対して，身体を硬張らせるなどの防御反応がみられた。

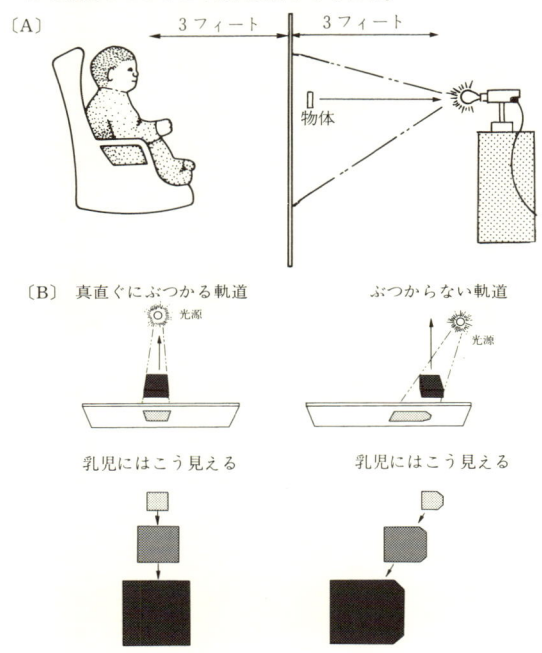

〔A〕　3フィート　3フィート

〔B〕　真直ぐにぶつかる軌道　　ぶつからない軌道

乳児にはこう見える　　乳児にはこう見える

　では，どのような情報から奥行きが判断されているのだろうか。奥行きの手がかりとしては**両眼視差，運動視差，きめの勾配**などがあるが，たまたま誕生時から単眼であった子どもが，両眼視の子どもと同じ行動を示すことや，両眼立体視がない種も深い側を回避することから，運動視差や面のきめが重要な手がかりとして使われると考えられている。

　上図は水平方向の奥行（距離）の知覚を問題にした実験である。ここでもスクリーンに投影される像の大きさの変化から，乳児でも距離が知覚されていることがわかる。

きめの勾配：空間における面の網膜像のきめは，観察距離に応じて変化する。距離が増大するにつれ，きめの密度も増大する

▶文献　バウアー　1979　鯨岡峻訳　1982　ヒューマン・ディベロップメント　ミネルヴァ書房

Ⓐ大きさの恒常性 (バウアー, 1974)

各テスト刺激と条件刺激との相対的な関係とテスト結果を示す。条件刺激は1m離れておかれた1辺が30cmの立方体で、テスト刺激は1mないし3m離れた距離におかれた1辺30cmまたは90cmの立方体である。

条件づけられた刺激	テスト刺激		
	1	2	3
実際の大きさ			
実際の距離 1	3	1	3
網膜上の大きさ			
網膜上の距離手がかり	異なる	同じ	異なる
反応の平均数 98	58	54	22

赤ちゃんの目にうつるもの —— 知覚の恒常性

形の恒常性：観察者に対する対象の傾きが変わると、網膜像の形も変化するが、見えの形は比較的恒常を保つ

位置の恒常性：目や体を動かすと対象の網膜像はあちこちに動くが、対象は元の位置に留まって見える

今、10m前方にいる人に向かって走っていくとしよう。5mのところに来たとき、網膜像は光学的な法則によって2倍に拡大しているはずだが、相手の人は依然として同じ大きさに見える。このように、観察者や物が移動するたびに、感覚器官に与えられる刺激は刻一刻変化するが、現実に知覚される対象の特性は比較的恒常を保つ。これを**知覚の恒常性**という。知覚の恒常性には、大きさ、形、位置の恒常性などがある。こうした働きによって、私たちの安定した世界は維持されている。

Ⓐはバウアーがオペラント条件づけで、生後2カ月の乳児の大きさの恒常性について調べたものである。条件刺激（1mの距離に

2章 子どもの目にうつるもの　27

ⓑ形の恒常性 (Bower, 1982)

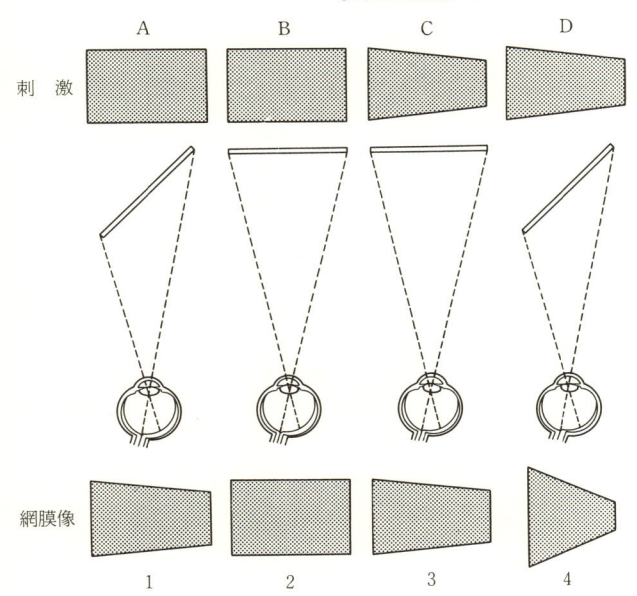

刺激　A　B　C　D

網膜像　1　2　3　4

乳児はAに示される向きで提示される長方形に頭を動かして反応するように訓練された。こののち，Aおよび他のB，C，Dの4刺激（C，Dは台形）について般化テストを受けた。結果は，元の訓練刺激（A）と形が同一の刺激（A，B）に対して強く般化した。刺激Cの網膜像は刺激Aと同一であったが，般化しなかった。

置かれた1辺30cmの立方体）に対する一定の反応（頭を回す）が，強化（実験者のいないいないばあ）される。こうした訓練の後，さまざまな大きさと位置の立方体（テスト刺激）が与えられる（般化テスト）。結果をみると，条件刺激と網膜像の大きさは同じであっても，実際の大きさと距離がともに異なる立方体への反応が最も少ない。ここから，実際の大きさや距離に基づいて，条件刺激との同一性が判断されていることがわかる。

　形の恒常性については，生後2カ月で認められるという報告がある（→ⓑ）。

▶文献　バウアー　1974　岡本夏木ほか訳　1979　乳児の世界　ミネルヴァ書房

Ⓐ visual capture の実験 (Rock, 1975)
縮小レンズを通して見，触ることにより，視・触覚間にズレが生じるが，被験者はこのズレに気づかない。

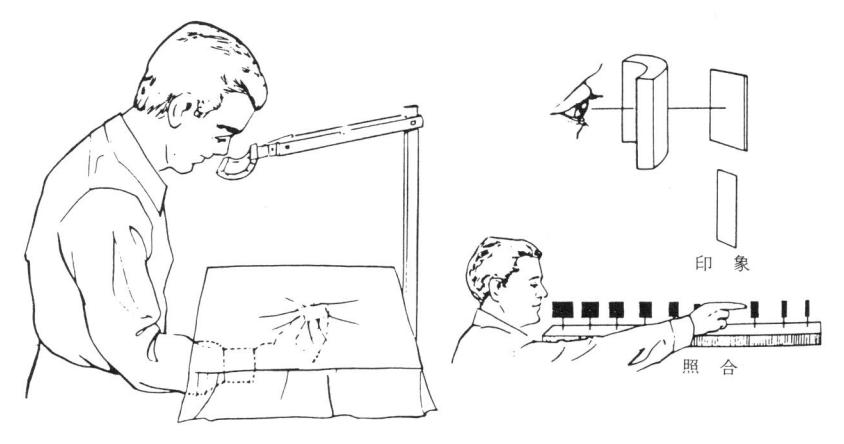

見える形と触った形 —— 異種感覚情報の統合

　テーブルの上のリンゴを見て，その丸さ，冷たさを感じる。もし，触ってごつごつした角を感じたら，異変が起きたと思うだろう。このように，私たちはひとつの対象の見えから同時にその触感なり，味覚なりをも予測する。さまざまな感覚情報はバラバラに感じられるのではなく統合されて，ものの知覚は成立するというわけだ。しかも，視覚が優位になって統合されること（visual capture）が知られている。つまり，視覚と触覚とのあいだにある程度のずれがあっても意識されることなく，見え（視覚）にとらわれてしまうのである（→Ⓐ）。

▶文献　ブライアント　1974　小林芳郎訳　1977　子どもの認知機能の発達　協同出版

Ⓑ **音を発する対象の視・触覚間照合**（ブライアント，1974）

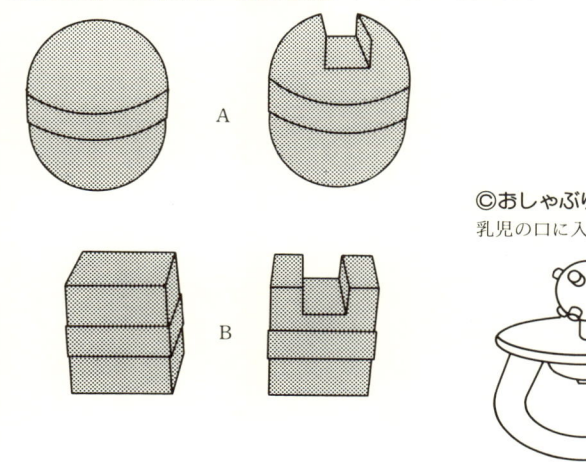

A

B

Ⓒ **おしゃぶり実験**（Melzoff & Borton, 1979）
乳児の口に入れた上部を，あとで拡大してみせる。

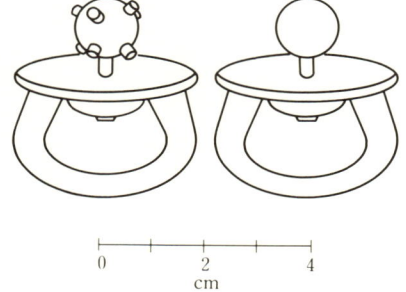

0　　2　　4
cm

　ブライアントの実験（→Ⓑ）は乳児が音を出す対象に興味をもつことを利用し，**視覚情報と触覚情報との結合**が1歳以下の乳児にみられるかどうかを調べたものである。最初に音のするおもちゃを見せずに触らせる。そのあと別のおもちゃと対にして見せ，どちらに手を出すか観察する。刺激対Aでは多くの乳児が前に触ったおもちゃに手を出したが，Bでは違いが認められていない。Bは直線でのみ構成されているので，その区別が難しいのだろう。
　生後1カ月未満児に，おしゃぶり（→Ⓒ）を使い，暗闇で触知させ，後で他のおしゃぶりと一緒に見せたところ，もとのおしゃぶりの方をよく注視したという。見た形と触った（なめた）形との原初的なつながりは，生後まもない時期から成立しているといえよう。

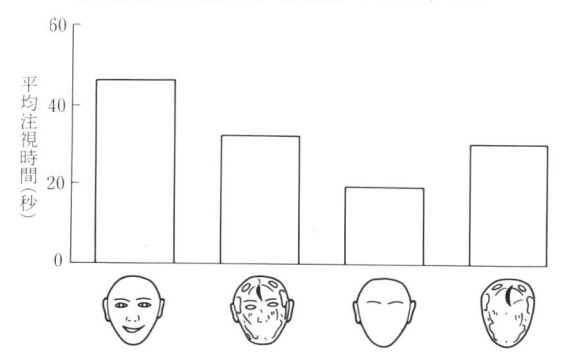

Ⓐ 2カ月児の顔図式への注視 (Maurer, 1985)

Ⓑ 顔を走査するときの眼球運動 (Salapatek, 1975)

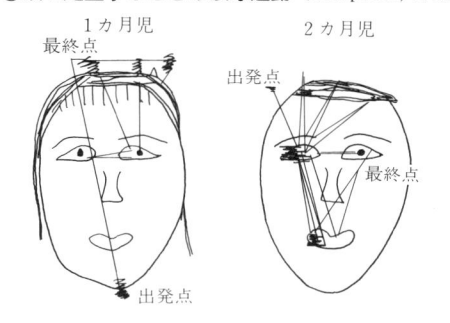

1カ月児　　　2カ月児

人が好き 顔が好き —— 顔の知覚

　乳児はいろいろなパターンの中でも，特に顔図形を好んで注視する。顔はすでに特別な対象として知覚されているのだろうか。

　最初は，目や鼻や口の配置をバラバラにしたくずれた顔図形にも普通の顔図形に対するのと同様注視するが，やがて2～4カ月くらいになると区別し普通の顔図形が選択されるようになる（→Ⓐ）。

　Ⓒは乳児の**微笑反応**についてみたものであるが，3カ月児では，異配置よりは正配置の顔に対して微笑が誘発されている。しかし，5，6カ月以降では実際に声をかけている人の顔にもっぱら応ずるようになる。実際に笑顔で声をかけている人への微笑は2カ月以降一貫して多い。

ⓒ顔刺激に対する微笑反応 (高橋, 1974)

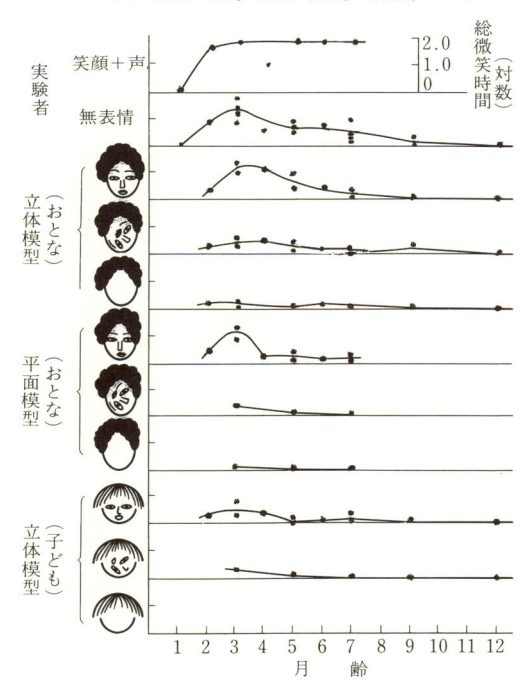

ところで、写真によって母親と見知らぬ人とを区別するのは3カ月児で可能であるが、実際の顔であれば、すでに生後45時間で可能であるという。実際の人は子どもに対面するとき、表情を変えたり声をかけたり笑いかけたりする。働きかけることが禁じられる実験場面であっても、見つめるという働きかけまでも除くことは難しい。1カ月児が顔（鏡像または図式）を走査する時の眼球運動をみると、顔内部の特徴を抽出するような動きではない（→Ⓑ）。だが、実際の顔では、人はさまざまな動きによって、乳児が顔に注視しやすい状態を作り出しているのではないだろうか。

▶文献　高橋道子　1974　乳児の微笑反応についての縦断的研究　心理学研究　**45**, 256-267.

Ⓐ ハドソン・テストで用いられた略画（Hudson, 1960）

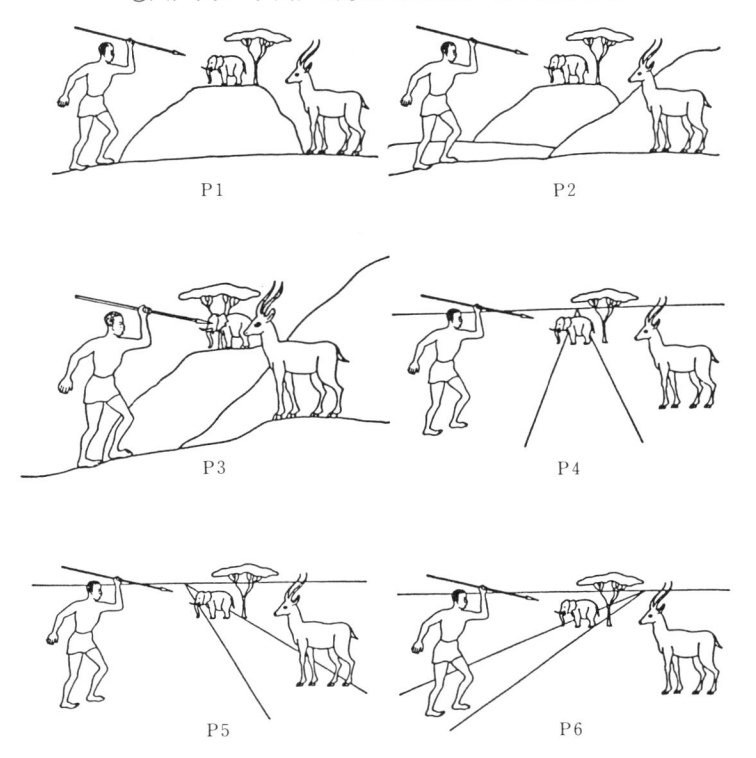

P1　　　　　P2
P3　　　　　P4
P5　　　　　P6

絵画・映像表現の理解——絵・テレビの見方は学習する？

　1歳7カ月まで，絵を見ることも教えられることもなく育てられた子どもは，生まれてはじめて見る絵を理解するだろうか。こんな研究がホッホバークとブルックスによって行われている。彼らの結果は，子どもが知っている事物の写真と線画を認知する上で特別の経験や訓練は必要ないことを示している。

　では，絵に表現された奥行きはどうであろうか。ハドソンによれば，3次元場面の絵画的表現は西洋文化圏における約束ごとであって，アフリカ人には理解されないという。略画（Ⓐ）を見せて，ゾウとカモシカのどちらが人の近くにいるかをたずねる。3次元的反

Ⓑ 首を振る運動を意味する絵
(Duncan, Gourley & Hudson, 1973)

Ⓒ 歩いている人〈小林，1982；「標準失語症検査」鳳鳴堂の図版〉

応（ゾウよりカモシカが近い）は教育水準と関連している。つまり，学校教育を受けた者に多くあらわれるという。しかし，ご覧のとおり，ハドソンが研究に用いた略画そのものがずさんで不正確なものである。この点が批判され，もっと注意深く奥行きが描かれた画を用いた場合には，3次元的反応が多くなることが指摘されている。

Ⓑの3つの頭を首の運動と理解することにも文化差がみられるという。Ⓒのすたすた歩いている人の絵に，ある自閉症児は「サンサンサン」と答えている。映画やテレビの視聴能力についての研究では，メディアの表現技法（カット・ズームなど）を，子どもは経験を通じて獲得していくことが示されている。画像の記号性が複雑になるほど，学習，経験が必要になるといえよう。

▶文献　小林隆児　1982　言語障害像からみた年長自閉症者に関する精神病理学的考察　児童精神医学とその近接領域　**23**(4)，235-260.
　　　グリーンフィールド　1984　無藤隆・鈴木寿子訳　1986　子どものこころを育てるテレビ・テレビゲーム・コンピュータ　サイエンス社

Ⓐ 子どもが描くはじめての「人」「乗りもの」（ジュンコ，2歳10カ月）

子どもの絵はどのように変わるか──描画の発達

知的写実性：対象を１視点からの見えに忠実に描く視覚的写実性に対して，対象について知っているあらゆる要素を描くことを知的写実性という。時には，見えないところまで描かれてしまう

　たいていの子どもが描くはじめての「人」は，大きな丸の中に小さな丸が２つ（目）ついているだけか，せいぜいそこから２本の線（足）が伸びている，腕なし胴なしの頭足人である。やがては手が出て，鼻がつき，髪の毛がついてくるが，髪の毛はこの場合ほとんどさかだってしまう（→Ⓐ）。

　リュケはこのような子どもの絵の発達を４つの段階に分けて考えている。第１段階は「偶然の写実性」と呼ばれる。たまたま描いた線の痕になにか似ている現実の事物を対応づける段階である。第２段階は「出来損ないの写実性」。描く前になにを描くか意図してとりかかる。しかし，まとめそこなって妙な絵が続出する（→Ⓑ）。第３段階が**知的写実性**（→Ⓒ）と呼ばれる。子どもの絵の黄金

▶文献　リュケ　1927　須賀哲夫監訳　1979　子どもの絵　金子書房
　　　グリン・V.トーマス／アンジェル・M.J.シルク　1990　中川作一監訳　1996　子どもの描画心理学　法政大学出版局

Ⓑ「出来損ないの写実性」の例（リュケ，1927）
胴なしの人間・身体から離れた腕

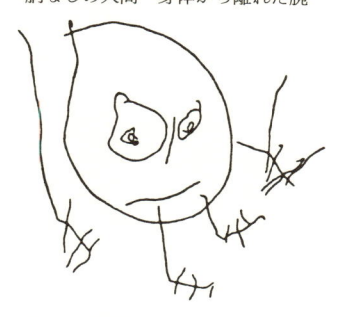

Ⓒ「知的写実性」の例（リュケ，1927）
じゃがいも畑

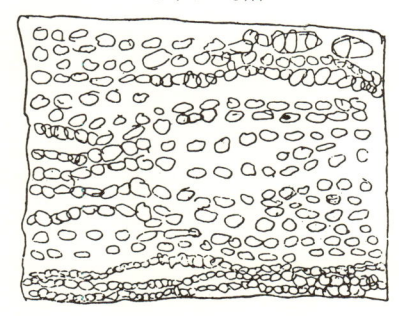

時代である。透明画や鳥かん図法，展開図法などと呼ばれる平面的な絵が特徴である。この時期をへて，おとなと同じ透視画を描く「視覚的写実性」へ至る。この段階で遮断遠近法や距離遠近法などがあらわれる。

一方，ギブソン（1979）は，この「知的写実性」という考えに反対し，子どもは感覚（見ているもの）を描くことから始め，概念（知っているもの）を描くことへ発達するはずであり，子どもの絵も画家の描く絵も，それを描いた人が知覚した「**不変項**」が表現されていると考えるべきだという。

不変項：ジェームズ・ギブソンが提起した「アフォーダンス理論」の中のキーワード。観察者の移動に伴って，包囲光（環境をとりまく光）配列は変化するが，私たちはその中から「不変なもの」を知覚している

▶文献　ギブソン　1979　古崎敬ほか訳　1985　生態学的視覚論　サイエンス社
　　　　佐々木正人　1994　アフォーダンス——新しい認知の理論　岩波書店

ある自閉症児の描画（Lorna Selfe, 1977）

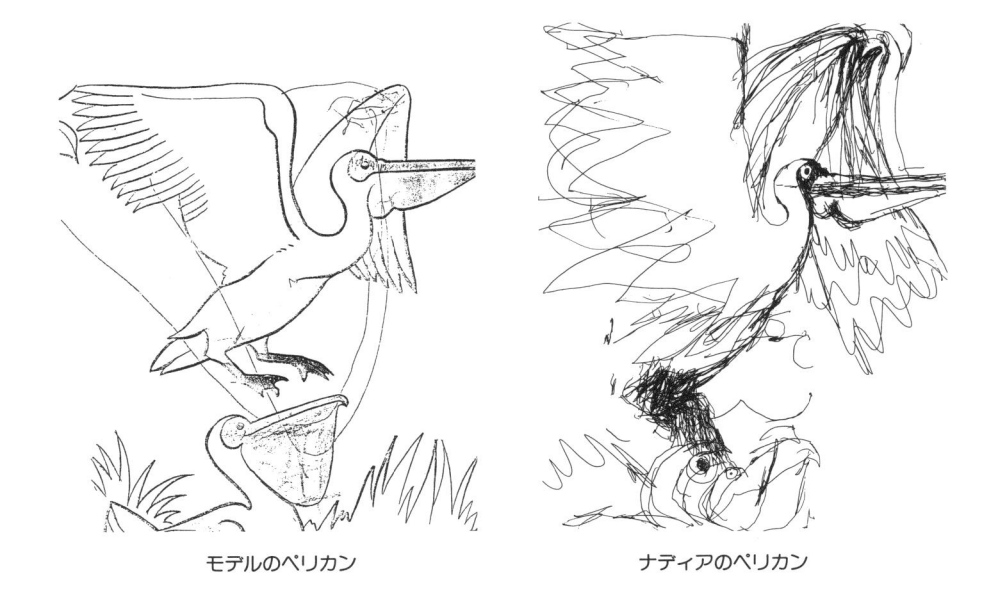

モデルのペリカン　　　　　　ナディアのペリカン

脅威的な描画発達

　右図はナディアという自閉症の少女が6歳の時に描いたペリカンである。左図は，彼女がその頃好んで見ていた絵本の中のペリカンで，これがモデルになったと考えられるが，実は見ながら模写しているのではなく，記憶にもとづいて描かれている。

　言語・コミュニケーションの発達の遅れが著しい自閉性発達障害児に，このように脅威的な描画発達が時としてあらわれ，国内外でいくつかの症例が報告され注目をあびている。写真のようにリアルな遠近画法，緻密な形態描写に年齢不相応に熟達しており，時におびただしい量の作品を描くことなどが特徴としてみられる。なぜこのような突出した発達が可能なのかについて議論はあるものの，いまだ十分な説明はされていない。

▶文献　Lorna Selfe　1977　Nadia － a case of extraordinary drawing ability in an autistic child. Academic Press.
心理科学研究会編　1990　僕たちだって遊びたい　ささら書房

3章 どこまで大きくなるの
■運動能力と身体の発達

からだはどのように大きくなってゆくの
発達加速現象とは何か
運動オンチは氏か育ちか
2歳までの運動能力の発達
歩けるようになるまでには
ものをつかむのも大変なことだ
子どもから大人への運動能力の発達
現代っ子の身体発達上の諸問題

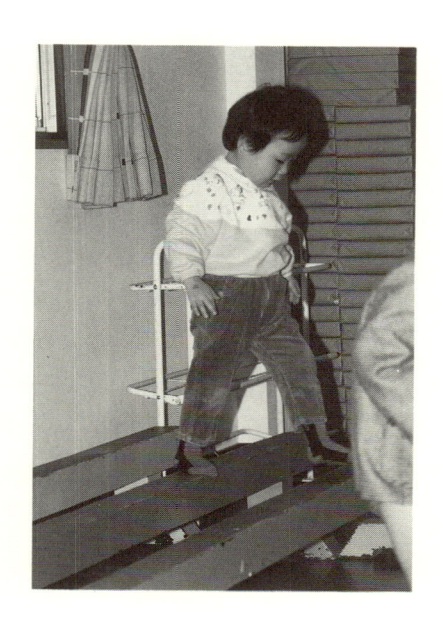

Ⓐ **スキャモンの発達曲線**（Scammon, 1930）

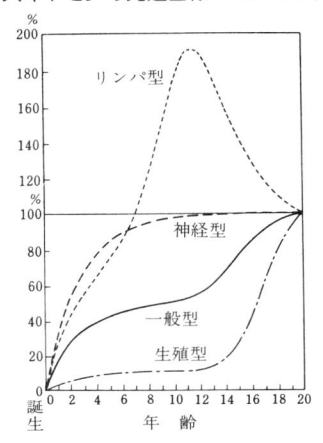

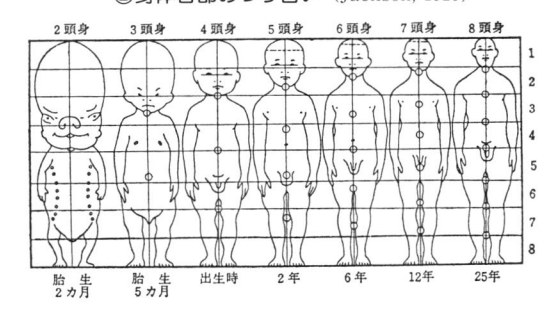

（グラフ：リンパ型、神経型、一般型、生殖型）

Ⓑ **身体各部のつり合い**（Jackson, 1929）

2頭身　3頭身　4頭身　5頭身　6頭身　7頭身　8頭身

胎生2ヵ月　胎生5ヵ月　出生時　2年　6年　12年　25年

からだはどのように大きくなってゆくの ── 身体の発達

発達曲線：横軸に年齢，縦軸に測定値をとり発達の様相を示した曲線

　身体の発達の様相をみると，いくつかの興味深い発達的特徴が明らかになる。第1は，身体の各組織は異なった時期に異なった割合で発達することである（→Ⓐ）。とりわけ，脳神経系の発達は乳幼児期において顕著であり，それを脳重量の変化で示すと，6歳ですでに成人の約90％にも達する。第2に，Ⓑのように身体各部も異なる割合で発達している。このことは，子どもは大人を小さくしたものではないことを示しているのと同時に，発達がある方向性をもって進行する（頭部─尾部勾配，中心部─周辺部勾配）ことを表している。第3は，発達は連続的に進行するものの，その過程には乳幼

©体位の発達（1999年）
（厚生省国民栄養調査，文部省学校保健統計調査から作図）

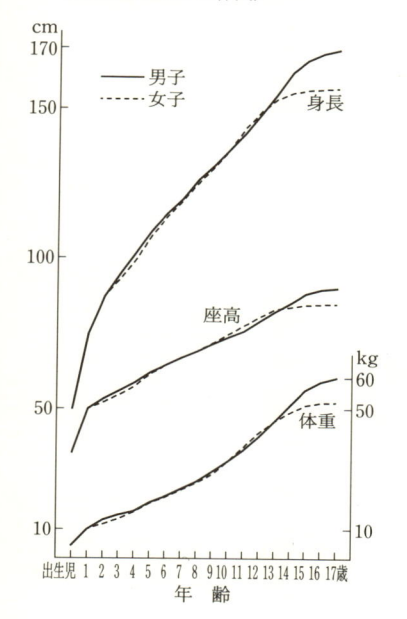

ⓓ年齢と思春期に入った者の割合
（Reynolds & Wine, 1951）

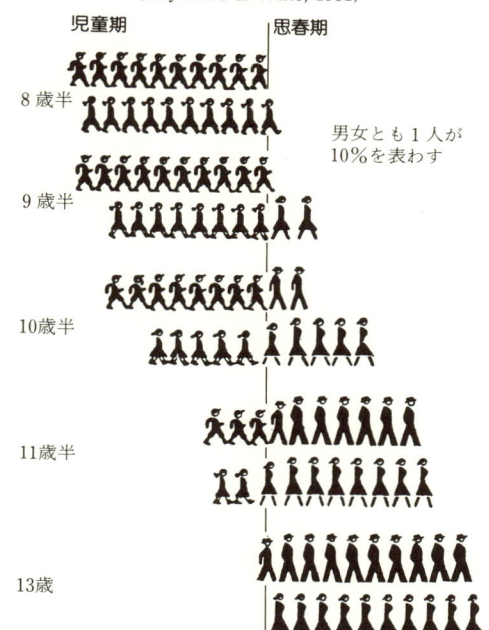

男女とも1人が10%を表わす

児期と青年期という2つの加速期が存在し，平板な変化の過程ではないことである（→©）。また，発達の割合や時期に性差がみられることは，身体発達の大きな特徴である（→ⓓ）。第4は，発達には大きな個人差（**早熟児・晩熟児**）があることである。

このような身体発達は遺伝と環境との相互作用の結果であるが，精神発達に比べれば相対的に遺伝的影響力が強い。しかし環境要因も無視できず，栄養，疾病と事故，睡眠と休養，身体運動，親の養育態度，社会文化的背景など，成長ホルモン分泌に影響する環境要因が身体発達を左右しているのである。

早熟児：心身の発達，特に思春期的徴候が平均よりも早くから見られる子ども

晩熟児：暦年齢から期待される心身の発達が遅れている子ども

Ⓐ 身長の年次推移
（文部省学校保健統計調査，2000などより作図）

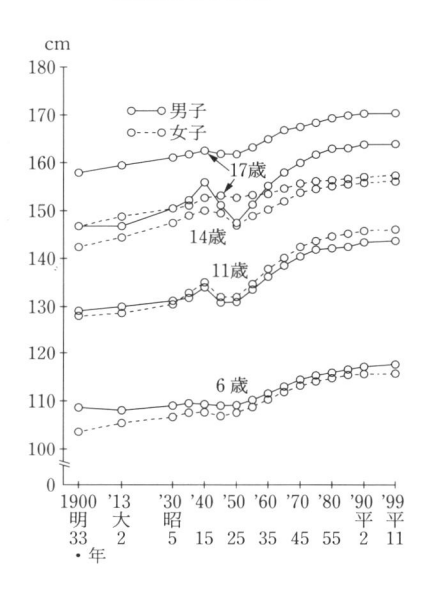

Ⓑ 昭和56年度生まれと昭和26年度生まれの者の年間発育量の比較（身長）
（文部省学校保健統計調査，2000）

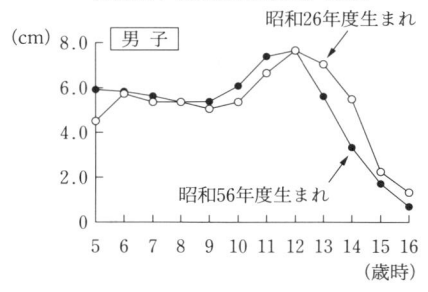

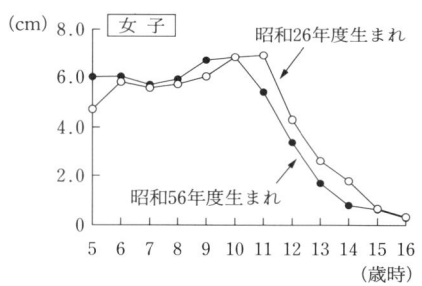

発達加速現象とは何か

年間加速現象： 異なる世代の同年齢層を比較すると，世代が進むにつれ発達速度が促進されている現象

かつて，身体発達が時代によって変化することは考えられていなかった。しかし，現代人の身体が一時代前の人々より大きくなり（成長加速），性的成熟の時期もより早い時期からみられる（成熟前傾）ことに気づくであろう。この現象は，ドイツ人のコッホ（1935）によりはじめて注目され，その後ベンホルト-トムセン（1942）の資料収集によりその事実が確認された。**発達加速現象**には，**年間加速現象**（→Ⓐ，Ⓑ，Ⓓ）と**発達勾配現象**（→Ⓒ）の2側面が含まれる。主として身体発達上の問題であるが，精神機能の分野でも観察されることは興味深い。

この現象の原因としては，栄養説，気候説・民族説，人間類型累積層仮説，都市化外傷説，ヘテロシス説，同胞数減少説などが考え

3章 どこまで大きくなるの 41

◎東京都と鹿児島県における14歳生徒の身長の推移（同左より作図）

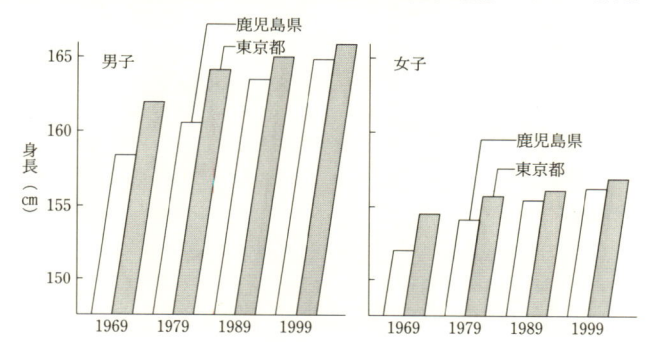

◎射精・月経の年齢別経験率の比較（日本総合愛育研究所編, 1996）

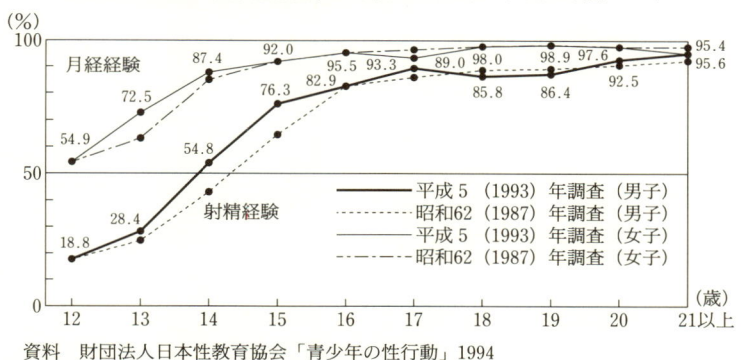

資料　財団法人日本性教育協会「青少年の性行動」1994

られているが，いずれも決定的な説とはいえない。また，加速化はけっして好ましい状況を生み出すばかりではなく，体格と運動機能のアンバランス，身体発達に比べそれを受容する精神発達が未熟なことなど，発達上の問題点も多い。

　では，この加速化はいつまで続くのであろうか。1976年の米国国民健康センターの発表によれば，米国における身体発達は遺伝的可能性の限界に達したという。わが国においても，加速度は以前に比べ鈍くなってきており（→Ⓐ），地域差も縮小の方向にある（→Ⓒ）。近い将来，文明国においては，この現象がみられなくなることが確実に予想される。

発達勾配現象：
同一世代間でも民族・地域・階層などを異にする集団間に発達速度の差異がみられる現象

ゲゼルの階段登りの実験想像図

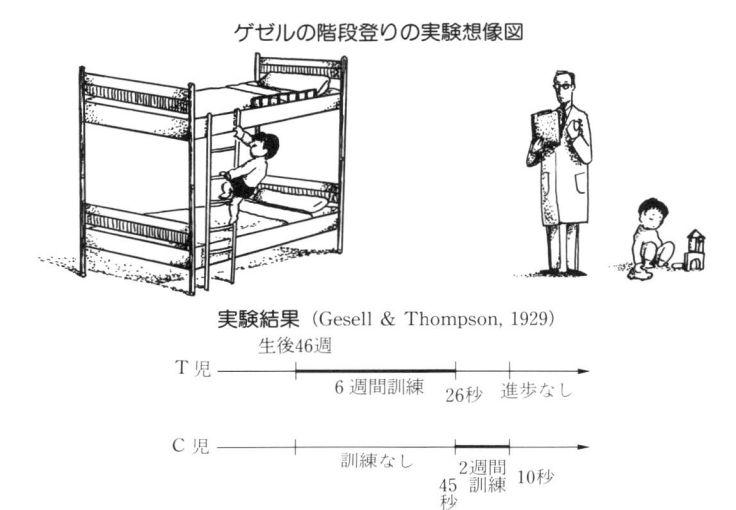

実験結果（Gesell & Thompson, 1929）

T児　生後46週　6週間訓練　26秒　進歩なし

C児　訓練なし　45秒　2週間訓練　10秒

双生児に数の記憶の訓練を別々に行ったときの学習効果と成熟との関係　(Hilgard, 1933)

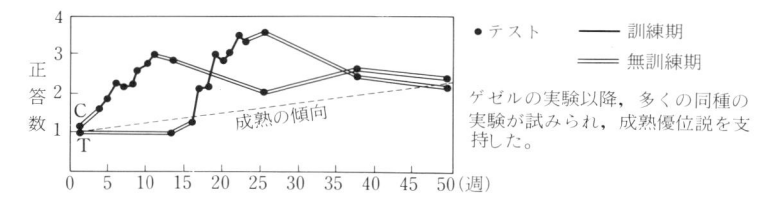

● テスト　―― 訓練期　══ 無訓練期

正答数

成熟の傾向

ゲゼルの実験以降，多くの同種の実験が試みられ，成熟優位説を支持した。

運動オンチは氏か育ちか ── ゲゼルの実験

臨界期：反応や行動の成立に必要な条件としての一定の期間。たとえば，ゲゼルの実験の場合，階段のぼりの学習に適切な発達の時期を考慮していないということになる。また，あひるなどの追随反応の形成などは，誕生後の一定期間に限って生ずることから，インプリンティングといわれる

発達を規定する要因は，成熟（遺伝）か学習（環境）かという問題をめぐり，ワトソンの環境万能論に反対し，成熟優位説を表明したのはアメリカの小児科医兼発達心理学者のゲゼルである。彼は，遺伝的に等しい素質をもつ一卵性双生児を用い，一方に階段登りの訓練を行い，他方は無訓練のままにしておき，訓練効果を比較した（双生児統制法）。これにより，学習の成果は成熟に及ばないことを実証した。**ゲゼルの実験**は着想としては評価されるが，しかし，次のような多くの批判がある。①日常生活行動からの学習の転移効果を無視している。②強制された訓練なので真の学習とは呼べない。③訓練効果が現れるほど，訓練期間をとっていない。④構造の学習という視点に欠けている。⑤**臨界期**の概念にも欠けている。

3章　どこまで大きくなるの　43

感覚運動期の発達段階

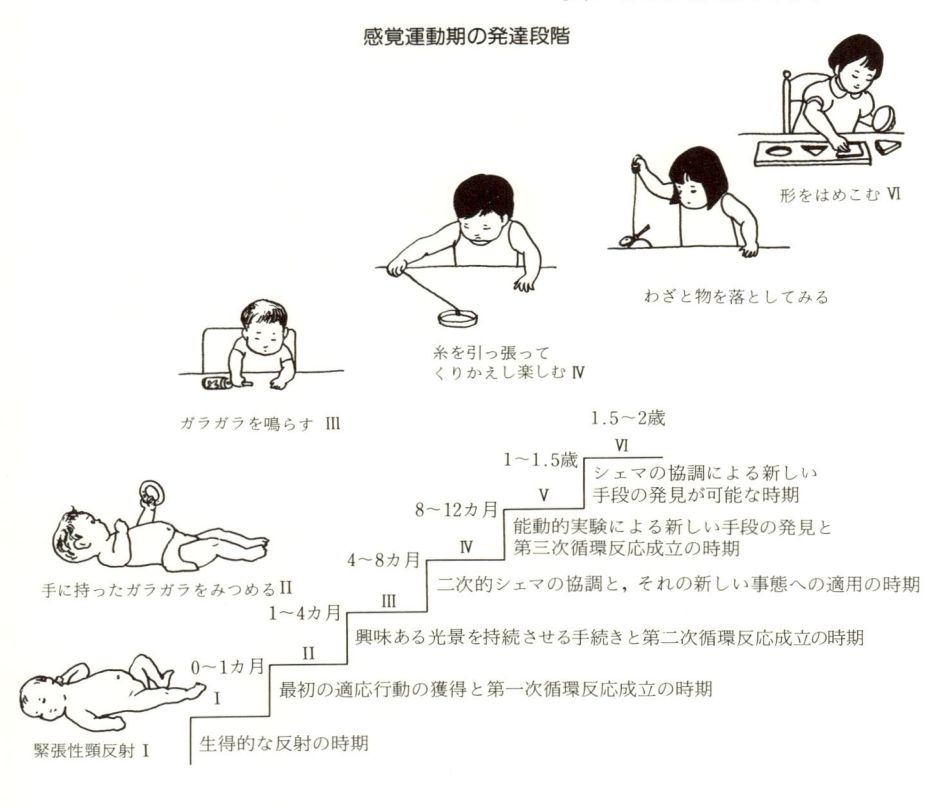

形をはめこむ Ⅵ

わざと物を落としてみる

糸を引っ張って
くりかえし楽しむ Ⅳ

ガラガラを鳴らす Ⅲ

手に持ったガラガラをみつめる Ⅱ

緊張性頸反射 Ⅰ

段階	時期	内容
Ⅵ	1.5～2歳	シェマの協調による新しい手段の発見が可能な時期
Ⅴ	1～1.5歳	能動的実験による新しい手段の発見と第三次循環反応成立の時期
Ⅳ	8～12カ月	二次的シェマの協調と、それの新しい事態への適用の時期
Ⅲ	4～8カ月	興味ある光景を持続させる手続きと第二次循環反応成立の時期
Ⅱ	1～4カ月	最初の適応行動の獲得と第一次循環反応成立の時期
Ⅰ	0～1カ月	生得的な反射の時期

2歳までの運動能力の発達 —— 感覚運動期の発達

　生後2年間ぐらいの時期は，**感覚運動的段階**（ピアジェ）と呼ばれ，図のような6つの段階を経て発達する。この時期の子どもは，具体的に感覚と運動を結合させることによって，外界を知ったり，問題を解決したりするのである。自分の運動の結果，外界の事物が変化したという感覚は，もう一度それを再現しようとする傾向（二次的循環反応）を起こさせ，事物の因果関係認識に導く。目標と手段の関係がわかったり，手段を発見するのも自分の感覚や運動を通して行う。このような過程は後の段階の認知や知能の基礎となり，やがてイメージによる表象が可能になると，次の段階へと移行する。

感覚運動期：生後から，言語を習得するまでの期間において，身体・運動的な活動の中で，知的能力の基礎とも見えるものをいう。ピアジェの発達段階では，0～2歳までの間である

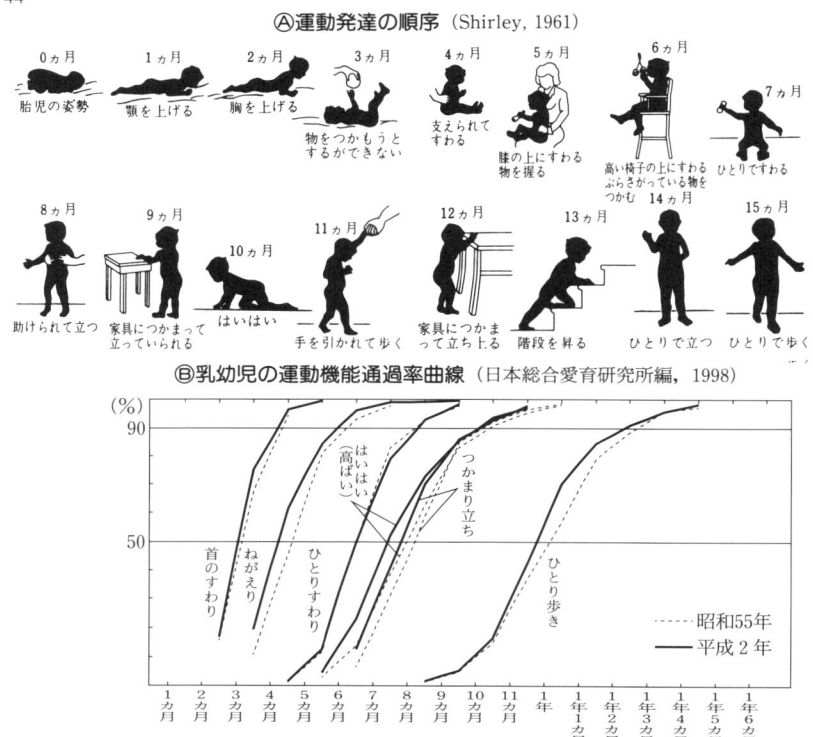

Ⓐ **運動発達の順序** (Shirley, 1961)

0ヵ月	1ヵ月	2ヵ月	3ヵ月	4ヵ月	5ヵ月	6ヵ月	7ヵ月
胎児の姿勢	顎を上げる	胸を上げる	物をつかもうとするができない	支えられてすわる	膝の上にすわる物を握る	高い椅子の上にすわるぶらさがっている物をつかむ	ひとりですわる

8ヵ月	9ヵ月	10ヵ月	11ヵ月	12ヵ月	13ヵ月	14ヵ月	15ヵ月
助けられて立つ	家具につかまって立っていられる	はいはい	手を引かれて歩く	家具につかまって立ち上る	階段を昇る	ひとりで立つ	ひとりで歩く

Ⓑ **乳幼児の運動機能通過率曲線**（日本総合愛育研究所編，1998）

（グラフ：首のすわり、ねがえり、ひとりすわり、はいはい（高ばい）、つかまり立ち、ひとり歩き　――― 平成2年、‐‐‐‐ 昭和55年）

資料：社団法人日本小児保健協会「乳幼児の身体発育値」

歩けるようになるまでには――移動運動の発達

　新生児期以降の移動運動の発達（→Ⓐ）は，一定の秩序ある継起にしたがって変化を示す（**標準的継起の原理**）。移動のための最低条件である首のすわりはおよそ生後3カ月でみられ，約半年でひとりで座ることができるようになる。次いではうことができ，ひとり立ちの姿勢を経て，種としての人類の特徴である直立2足歩行は1歳2～3カ月で可能になる。歩行開始年齢には大きな個人差がある（→Ⓑ）が，1歳6カ月を過ぎても歩き始めない場合は専門家に相談するのが望まれる。移動運動の発達により，子どもの生活空間や行動範囲が飛躍的に拡大し，外界のさまざまな事物に出会い，新しい経験を積む機会が増え，子どもの知的好奇心を満足させつつ，知的・情緒的・社会的発達も促進されるのである。

3章 どこまで大きくなるの　45

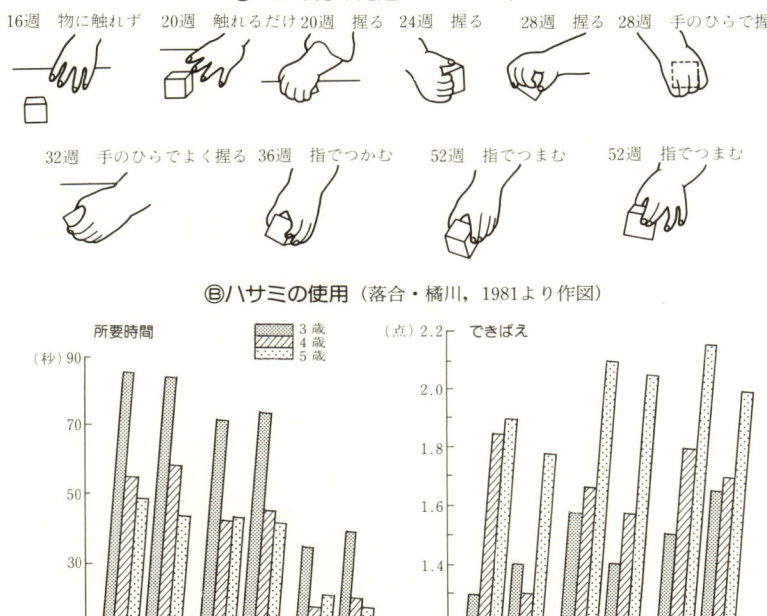

Ⓐつかみ方の発達 (Halverson, 1931)

16週 物に触れず　20週 触れるだけ　20週 握る　24週 握る　28週 握る　28週 手のひらで握る

32週 手のひらでよく握る　36週 指でつかむ　52週 指でつまむ　52週 指でつまむ

Ⓑハサミの使用（落合・橘川，1981より作図）

所要時間（秒）／できばえ（点）　3歳／4歳／5歳　円・三角形・直線　男・女

ものをつかむのも大変なことだ ── 手先の運動の発達

　乳幼児期は，目と手，右手と左手，指と指などの**協応性の発達**が著しく，ぎこちない未分化な運動から，滑らかで正確な運動へと分化し，高度に統合化された運動が可能となる時期である（→Ⓐ）。Ⓑは，直径10cm の円，1辺が10cm の正三角形，長さ26cm の直線をハサミで切り取る課題を幼児に与え，観察した結果である。年齢と共に速くしかも正確に遂行できるようになる様子が示されている。

　近年，紐が結べない，箸が上手に使えない，鉛筆をナイフで削れない，卵が割れないなど，手先の不器用な子どもたちが増えているといわれる。手先の運動の発達が期待される乳幼児期における，この種の経験不足が原因であると考えられる。

協応性：調整力ともいい，いろいろな機能を目的に合わせて組み合わせて使う能力をいう

Ⓐ **運動能力の発達（1998）**（総務庁青少年対策本部，2000）

立ち幅とび（瞬発力）

長座体前屈（柔軟性）

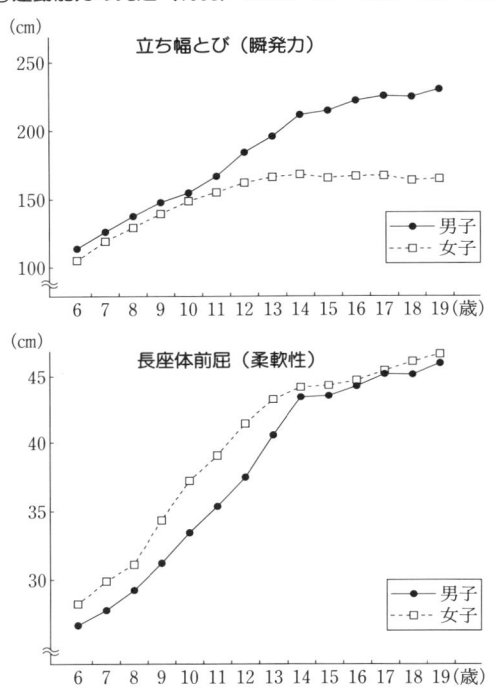

子どもから大人への運動能力の発達

運動能力の要因には，運動に必要な筋肉の力を出す筋力，瞬間的に最大の力を出す瞬発力，一定の運動を長続きさせる持久力，身体や関節の可動性を示す柔軟性，刺激に対し速く反応したり身体の位置を速やかに変換する敏捷性，身体のバランスを維持する平衡性，刺激に応じて動作をしたり身体の2つ以上の部位の同時的運動を統合する協応性などがある。これらは，具体的な走跳投といった基礎的運動能力，さらには各種スポーツ活動の基礎となる。

発達的にみると，幼児期や児童期前半において，関節や筋の柔らかさに関係する柔軟性や，神経系の働きと深い関係のある敏捷性・平衡性・協応性の発達が著しい。能力の伸びが顕著な時期にその能

ⓑ **加齢に伴う新体力テスト合計点の変化**（1998）（同上）

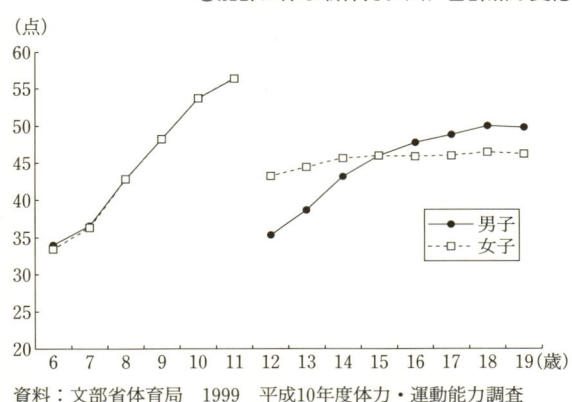

（注）
1. 新体力テストの合計点は、6～11歳では握力、上体起こし、長座体前屈、反復横とび、20mシャトルラン、50m走、立ち幅とび、ソフトボール投げの8テスト項目の記録を12～19歳では握力、上体起こし、長座体前屈、反復横とび、20mシャトルラン、持久走、50m走、立ち幅とび、ハンドボール投げ（20mシャトルランと持久走は選択項目）の8テスト項目の記録をそれぞれ10段階で評価した得点の合計である。
2. 数値は、移動平均をとって平滑化してある。（移動平均：グラフ上のばらつきを少なくするため、ある数値に前後の二数値を加えた数を3で割った値。）
3. 6～11歳、12～19歳及び男女の得点基準は異なる。

資料：文部省体育局 1999 平成10年度体力・運動能力調査

力あるいはその能力に関連の深い運動技能の訓練をすることが効果的な方法である。この時期は、ピアノやバイオリンなどの技能や、水泳・スキー・フィギュアスケート・自転車乗りなどの運動学習に適した時期といえる。筋力や瞬発力や持久力は、児童期を通じて定常的な発達を示すが、青年期に入ると加速度的に向上する。特定の筋や身体部位に大きな負担のかかるスポーツ訓練は、青年期以降が望ましいといえる。

　図から、児童期から成人までの運動能力の発達の様相がかいま見られよう。このような運動能力の発達は、自然の成熟によってのみ進行するのではなく、日常の運動実施量によって大きく影響されている。

疾病・異常被患率の年次推移（日本子どもを守る会編，1996）

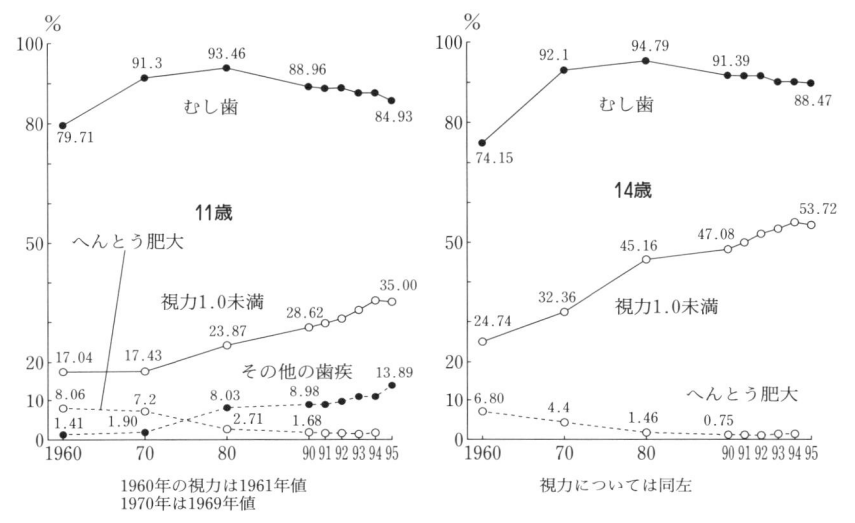

11歳
- むし歯: 79.71 (1960), 91.3 (70), 93.46 (80), 88.96 (90), ..., 84.93 (95)
- 視力1.0未満: 17.04, 17.43, 23.87, 28.62, 35.00
- へんとう肥大: 8.06, 7.2, 8.03, 8.98, 13.89（その他の歯疾）
- その他: 1.41, 1.90, 2.71, 1.68

14歳
- むし歯: 74.15 (1960), 92.1 (70), 94.79 (80), 91.39 (90), 88.47 (95)
- 視力1.0未満: 24.74, 32.36, 45.16, 47.08, 53.72
- へんとう肥大: 6.80, 4.4, 1.46, 0.75

1960年の視力は1961年値
1970年は1969年値
視力については同左

注：この他の疾患はすべて5％以下
資料出所：文部省『学校保健統計調査報告書』より

現代っ子の身体発達上の諸問題

現代の子どもたちは，いままでみてきたように，体格は向上しているものの，運動機能および健康面において問題があるといわれる。機能面では，柔軟性と背筋力の低下が目立つ。その結果，運動不足の問題とも合わせ，疲れやすい，背中に不調を訴える，骨折事故をおこす，肥満傾向にあるなどの子どもたちが増加している。健康面では，ぜん息やアレルギーの増加と視力低下が顕著である。これらの問題は，子どもの**基本的生活習慣**の未確立，食生活の変化，TV視聴の増加，TVゲームの普及，遊びの変容などの，種々の要因が作用した結果であると考えられる。単に身体発達上の問題であるばかりではなく，子どもの意欲や性格形成の問題とも関連しているので，子どもの全面発達の課題としてとらえなければならない。

基本的生活習慣：人間として生活していくために必要な基本的な行動パターン。たとえば，食事，排泄，清潔感などをその社会に合わせて，学習していく必要がある

4章　泣くから悲しいのかな
■情緒・感情の発達

情緒とはなにか
恐怖は学習される
情緒を引き起こすもの
情緒の発達
赤ちゃんの微笑と泣きは意味がある
情緒の立体モデル
表情から情緒を読みとれるか
お母さんのまねをする赤ちゃん
どこまで他人の気持ちがわかるか
情緒の表し方もうまくなる

情緒に関する用語 （宮本，1991）

感情 feeling	広義には快―不快を基本の軸として感じる主観的経験の総称。狭義には環境に順応的に応じる比較的穏やかな主観的経験。
情緒 emotion	喜び，悲しみ，驚き，恐れ，怒りなどに代表されるように，主観が強くゆり動かされた状態。生理的変化（内分泌腺や内臓諸器官の活動の変化）を伴う。表情や行動に表出される傾向が強い。情動とも呼ばれる。
気分 mood	情緒や狭義の感情と比べ，もっと持続的な内的経験をさす。気質や性格との関係が深い。
情操 sentiment	道徳，芸術，宗教，科学など文化的価値を含む主観的経験をさす。判断力，感知力など経験や学習と関係が深い。

生後7日目の新生児の泣き

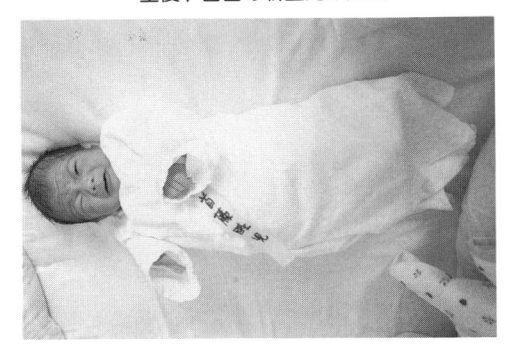

情緒とはなにか

情緒：感情・情動を含む，心的興奮状態をいう

　人は生まれたときからさまざまな**情緒**を示す。新生児は出生後産声をあげ大きな声で泣く。そして，数時間後には微笑みのような表情をすることが知られている。また，私たちはすばらしい芸術作品に出会うと胸がしめつけられるような感激を経験することがある。情緒には生得的な側面がある一方，子どもの育つ環境に左右される側面もある。

　情緒と類似した言葉に感情，気分，情操という用語がある。表は情緒に関係した用語の使われ方をまとめている。一般に，情緒と感情とは厳密に区別されずに使用されている。

▶文献　宮本美沙子　1991　情緒と動機づけの発達（新・児童心理学講座7）　金子書房

恐怖の学習におけるレスポンデント条件づけの原理

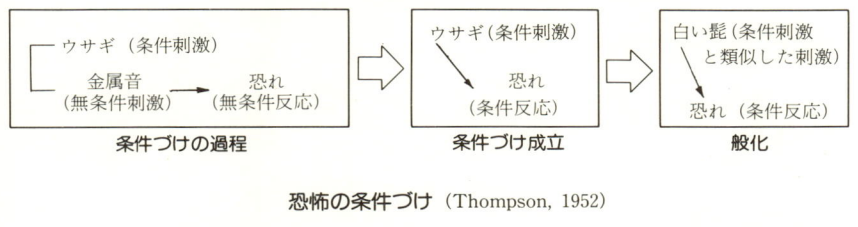

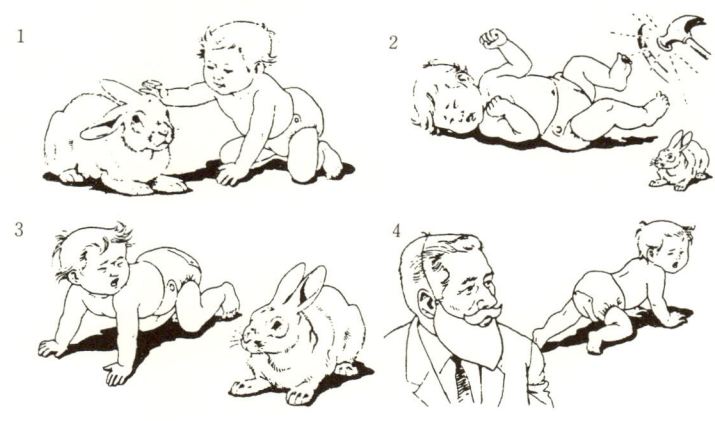

条件づけの過程	条件づけ成立	般化
ウサギ（条件刺激） 金属音（無条件刺激）→ 恐れ（無条件反応）	ウサギ（条件刺激） ↓ 恐れ（条件反応）	白い髭（条件刺激と類似した刺激） ↓ 恐れ（条件反応）

恐怖の条件づけ（Thompson, 1952）

恐怖は学習される──情緒の学習

犬を見て恐がる子どももいれば愛情を示す子どももいる。情緒を引き起こす対象の範囲は個人の学習経験による。ワトソンはレスポンデント条件づけの原理に基づいて生後9カ月の乳児に恐怖を条件づける実験を行った。図に示されているように，最初はウサギを見ても恐がらなかった乳児に，ウサギを見せると同時に金属音を聞かせる操作を繰り返し行った。その結果，乳児はウサギを見せられただけで逃げ出したり，泣き出したりした。また，犬や白い髭を見ただけでも恐怖を示すようになっていた。条件づけられた情緒は条件づけの原理にしたがって消去することも可能である。情緒の消去には**拮抗条件づけ**とそれを組織的に活用する**系統的脱感作法**がよく使用される。

拮抗条件づけ：条件づけられている行動と同時に生じない反対の行動（拮抗行動）を条件づけることで，その行動が生じる確率を減らすこと

系統的脱感作法：ウォルピによって提唱された，不安を制止する行動療法の1つ。不安の弱いものから，徐々にリラクゼーションによって，逆制止を行う

Ⓐ末梢起源説と中枢説 (南・大山, 1977)

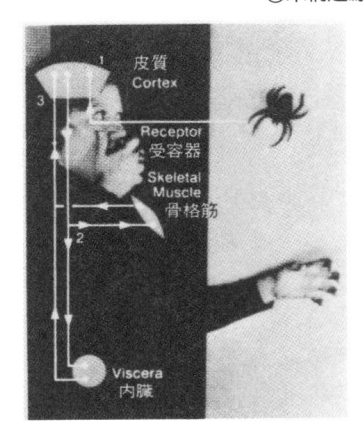

末梢起源説：情緒を引き起こす出来事は，①受容器によって感じとられ大脳皮質で知覚される。しかし，この出来事はまだ情緒として経験されない。②皮質はこの反応として内臓や骨格筋を賦活させる。③これらの変化が皮質で知覚され，そこで出来事が情緒的に経験される。

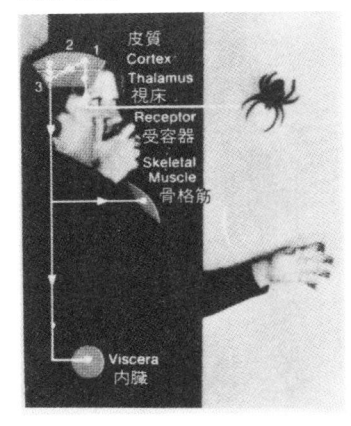

中枢説：情緒を引き起こす情報は，①各感覚器官から視床を通って皮質に伝わり，そこで知覚される。②皮質ではその反応として視床に対する抑制を減少させる。視床はインパルスを放出する。③それが内臓や骨格筋を賦活し，同時に皮質において出来事が情緒的に経験される。キャノンが最初に提唱した。

情緒を引き起こすもの ── 泣くから悲しい

　熊に遭って恐ろしい，だから逃げる，恋人を失って悲しい，だから泣く，というのが常識的な考え方である。しかし，100年以上も前に，ジェームズは，身体的な変化が事実の知覚のすぐ後に起こり，この身体的な変化が起こっているときの感じが情緒である，と提唱した。ジェームズの考えによると，泣くから悲しいと感じ，殴るから腹が立ち，震えるから恐ろしいと感じるのである。事実，暗闇で不意に動く物影を見れば，危険だと思う前に心臓がドキドキするし，突然地震が襲ってくれば，恐ろしいと思う前に，顔から血の気が引き，一瞬息が止まる。これらの身体的変化は心臓，呼吸器，皮膚，血管などの末梢に生じる。彼の考えは，末梢に生じた生理的な変化

Ⓑシャクターの実験結果 (Schachter & Singer, 1962)

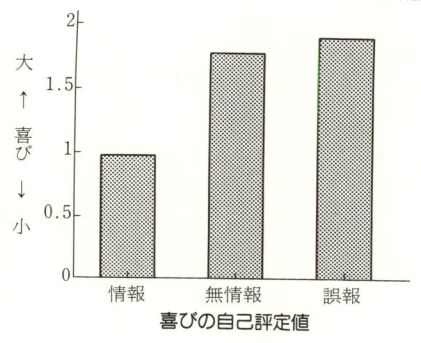

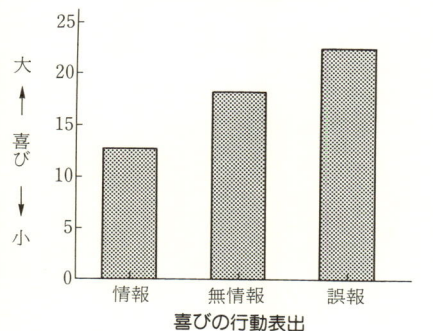

喜びの自己評定値（情報／無情報／誤報）

喜びの行動表出（情報／無情報／誤報）

シャクターとシンガーは被験者にエピネフリン（心拍の増加，震え，ほてり，呼吸促進など交換神経系の興奮状態を引き起こす）を注射し，注射の効果について正確な情報を与える（情報群），効果について何の情報も教えない（無情報群），かゆみや頭痛など実際には生じないことを伝える（誤報群），のいずれか1つの指示をした。

その後，被験者は同じ注射をされた被験者（実はサクラ）と一緒にされた。サクラは紙飛行機を飛ばしたり，バスケットのシュートのまねをしたり，陽気にはしゃいだ様子を示した。被験者はサクラと一緒にいるときの行動が観察され（喜びの行動表出），また情緒についての質問紙に答えた（喜びの自己評定）。

自分の生理状態について正確な情報を得ている者（情報群）は，楽しそうにふるまうサクラと一緒にいても，自分の体の中の感覚を注射の結果と考え，サクラの雰囲気には影響されにくい。情緒は生理的な覚醒だけでは経験されず，覚醒の原因を解釈し，命名することが必要である。

が情緒の源であることを主張するため情緒の**末梢起源説**と呼ばれている。一方，視床や大脳皮質の中枢の働きを重視する説は**中枢説**と呼ばれている（→Ⓐ）。

近年，ジェームズの説を実証的に裏付ける研究結果が報告されてきた。シャクターは，情緒が神経系の興奮（生理条件）だけで決まるのではなく，それを引き起こした条件の受けとめ方（認知条件）との相互作用によって決まることを証明した。

私たちは，蛇を見て興奮しているとき，「蛇を見たから恐ろしい」と解釈するから恐怖という情緒を感じるのである。もし，子どもが「蛇を見て面白そうだ」と解釈すると，蛇に対する恐怖心は抑制されるだろう。

▶**文献** 南博監訳　大山正訳　1977　感覚と感情の世界（図説　現代の心理学4）講談社

4カ月児の喜びの表出（社会的微笑）

基本的情緒：主観的経験，神経生理学的反応，表出行動がある固有のパターンで結びついた情緒の基本単位

社会化と個性化：社会化とは所属する集団の一人前のメンバーとして行動できるようになる過程。いわゆる子どもが大人に近づく過程といえる。また，社会化の過程と並行して個人独特な行動パターンも発達する。これは個性化と呼ばれる

情緒の発達──基本的情緒

進化論の祖ダーウィン以来，人の情緒は生物学的な性質を有すると考えられてきた。イザードによると，人は生得的に9個に分化した**基本的情緒**（興味，喜び，驚き，苦痛，怒り，嫌悪，軽蔑，恥，恐れ）をもって生まれてくる。基本的情緒は遺伝的なプログラムに従って発生し，**社会化と個性化**を通して，それらが複数結合し，不安，愛情，抑うつ，敵意など，さまざまな情緒が生み出される。情緒の結合の仕方によって，個人に特有なパーソナリティの情緒的基礎が形成される。右図はイザードらが開発した表情分析システム（AFFEX）のイラストであり，基本的情緒の一部を示している。

4章 泣くから悲しいのかな　55

イザードのいろいろな基本的情緒（Izard ほか，1980）
純粋な基本的情緒と基本的情緒の混合例。基本的情緒を表現する顔面筋の動きは人類に共通である。

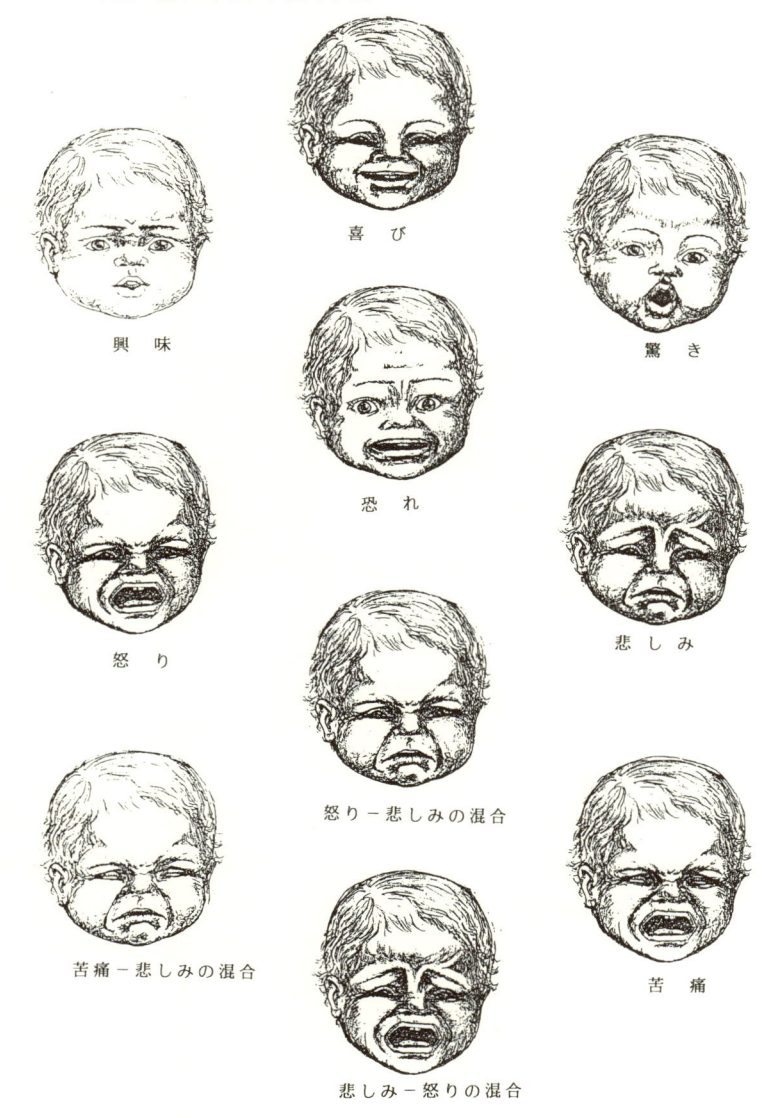

興味

喜び

驚き

恐れ

怒り

悲しみ

苦痛－悲しみの混合

怒り－悲しみの混合

苦痛

悲しみ－怒りの混合

▶文献　イザード　1991　荘厳舜哉監訳　1996　感情心理学　ナカニシヤ出版

生後1年間の情緒の表出 (Plutchik, 1980)

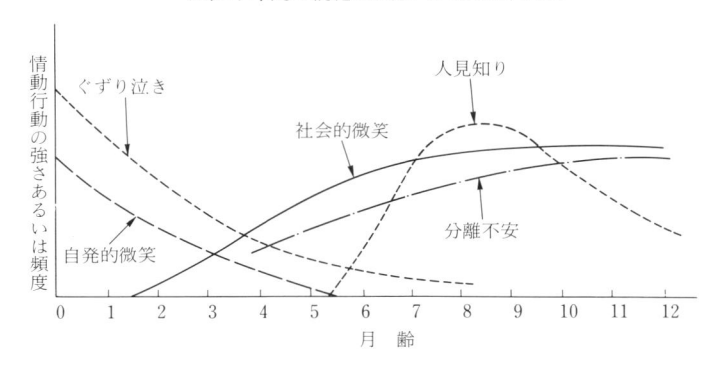

グラフ：縦軸「情動行動の強さあるいは頻度」、横軸「月齢（0〜12）」
- ぐずり泣き
- 自発的微笑
- 社会的微笑
- 人見知り
- 分離不安

1歳6カ月の幼児の泣き（怒って泣いている）

赤ちゃんの微笑と泣きは意味がある

図は生後1年間の情緒の表出の発達経過を示している。乳児は誕生直後から微笑することが知られている。これは身体的に生じた生物学的な反応（**自発的微笑**）であり、外的な刺激に対する微笑（**社会的微笑**）とは区別される。外的な刺激の中でも、人の表情に対してよく微笑む。大人の表情の方が子どもの表情よりも頻繁に微笑反応を引き出すことができる。乳児は最初は誰に対しても微笑むが、その後特定の個人に対して微笑むようになる。この頃から人見知りといわれる現象が生じる。泣きも加齢と共に生物学的なものから社会的なものが主流を占めるようになる。微笑と泣きは1歳前後から信頼する人（養育者）への愛情とその人から引き離される不安（**分離不安**）へと発展することになる。

分離不安：愛着の対象が離れた時に示す個人の不安をいう。愛着行動と深い関係にある。乳幼児の母親の後追いや幼稚園・保育園への登園・登所当初の集団不適応は分離不安が関係していることが多い

情緒の3次元立体モデル（Plutchik, 1980）
半球の垂直の列は情緒の強さあるいは覚醒の水準を示している。深い睡眠が一番底辺に該当する。

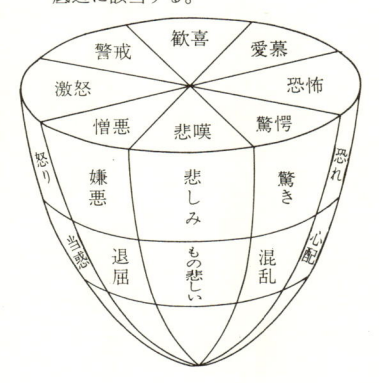

情緒の交差図（Plutchik, 1980）
情緒の立体モデルを中程度の強度のところで輪切りにした円環。受容と喜びが混ざり合って愛が発生し，受容と恐れが混合して服従が生じる。

情緒の立体モデル ── 情緒の分化と統合

　プルチックは受容と嫌悪，恐れと怒り，喜びと悲しみ，驚きと期待という相反する8種類の情緒を基本的情緒と考え，これに強さの程度を加えて上図に示すような情緒の立体モデルを提唱している。下図は立体モデルを中程度の強度のところで切断した円環を示している。多彩な色が原色の混合によって作られるように，多彩な情緒も基本的情緒の混合によって作られる。混合は円環モデル上の隣同士の情緒の混合，1つの間をおいての情緒混合，2つ間をおいての情緒混合があり，それぞれ1次結合，2次結合，3次結合と呼ばれている。

Ⓐ異文化間での表情判断の一致度（Ekman, 1973）

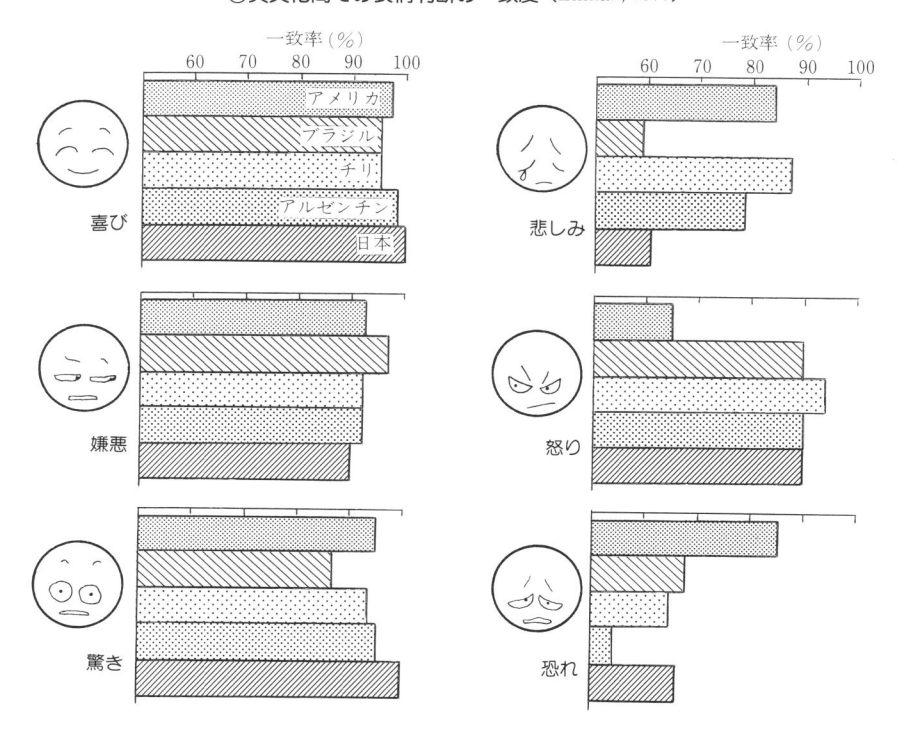

表情から情緒を読みとれるか

（1）表情から情緒を読みとる——エクマンは特定の情緒が特定の表情表出と結び付いており，文化による差異がほとんどみられないことを明らかにした。Ⓐは6つの情緒を表出した表情写真を5つの文化に属する人に見せて，写真の表情がどのような情緒を表しているかをたずねた結果である。どの写真についても，文化に関係なく多くの人が同一の情緒を指摘している。基本的情緒の表情はヒトという種に生得的な行動なのである。

4章 泣くから悲しいのかな

⑧イザードの表情分析システム（MAX）の一例 (Izard, 1979)

顔面を額・眉・鼻根，目・鼻・頬，口・唇・顎の3つの領域に分け，そこでの顔面筋の変化をチェックする。定義された顔面筋の動きは全部で29個あり，それらの組み合わせから情緒を特定する。また顔面を分割せず全体としてとらえるシステムも考案されている（AFFEX）。
コード33/38とコード52が同時に生じたときに「喜び」と判断される。本物の喜びとニセの喜び，または喜びと他の情緒の混合とを区別できる。

顔面部位	コード番号
目・鼻・頬	33・38

目の括約筋の動きにより，眉が下がる（コード33）。また，頬が盛り上がる（コード38）ことにより，目が細くなる。コード33と38は同時に生じることが多い。

顔面部位	コード番号
口・唇・顎	52

口角が後ろに引かれ，口がわずかに盛り上がる。口が少し開かれる場合と閉じられる場合とがある。

(2) 表情を分析する——エクマンとイザードは情緒を表情から測定しようとする表情分析システムを開発している。⑧はその一例を示している。表情を客観的に分析する技術を身につけることにより，人の真の微笑みと偽りの微笑みを見抜くことができ，また子どもの微妙な情緒の動きを察知することもできるだろう。

(3) 表情を模倣する——最近まで，人の行動の模倣は幼児期にならないと出現しないと考えられていた。しかし，生後間もない赤ん坊は大人の喜びや悲しみの表情を模倣することが見出された。

乳児の表情模倣（Field ほか，1982）

お母さんのまねをする赤ちゃん ── 新生児の模倣

　在胎40週に満たずに生まれてきた新生児が女性モデルの驚きや喜びの表情を模倣している写真である。人間にはいくつかの情緒を表す表情が生まれながらに備わっているし，表情を模倣する能力をもって生まれてくる。原始的なコミュニケーションの一例であろう。

対象の違いによる乳児の舌出し模倣 (池上, 1984)

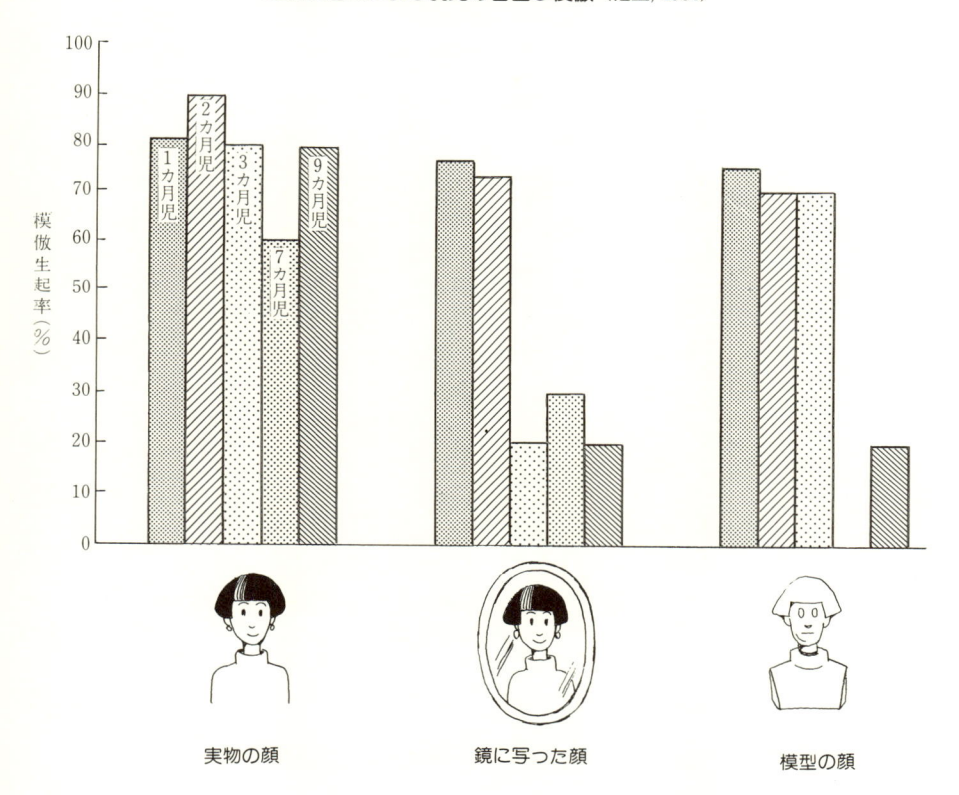

（グラフ：模倣生起率(%)を縦軸、横軸に「実物の顔」「鏡に写った顔」「模型の顔」の3条件。各条件ごとに1カ月児、2カ月児、3カ月児、7カ月児、9カ月児のバーが示されている。）

実物の顔　　　　鏡に写った顔　　　　模型の顔

　乳児が大人の舌出しをどの程度模倣するかを確かめた実験もある。舌出しは女性実験者の顔，鏡に映った実験者の顔，紙に描かれた実物大の顔模型など5種類の条件を変えて観察された。月齢と共に本物の顔の舌出しだけを模倣することが多くなる。

　上図は赤ん坊が舌出しを模倣することを確認した実験結果の一部である。月齢が進むにつれて，単なる舌出しの模倣から"人らしい顔"の舌出し模倣が高くなることが示されている。乳児の表情模倣は，共鳴動作と呼ばれ，人との社会的・情緒的コミュニケーションの基盤となる現象である。

▶文献　池上喜美子　1984　乳児期初期における舌出し模倣に関する刺激要因の検討　教育心理学研究　**32**, 29-39.

Ⓐ表情から測定した共感 （首藤，1994）

被験者は災害の犠牲にあった子どものビデオを視聴し，この時の表情が隠しカメラから録画された。悲しみを表出している，つまり犠牲者に共感している子どもの割合が高学年ほど高くなっている。

それぞれの情緒を表出した人数の割合(%)

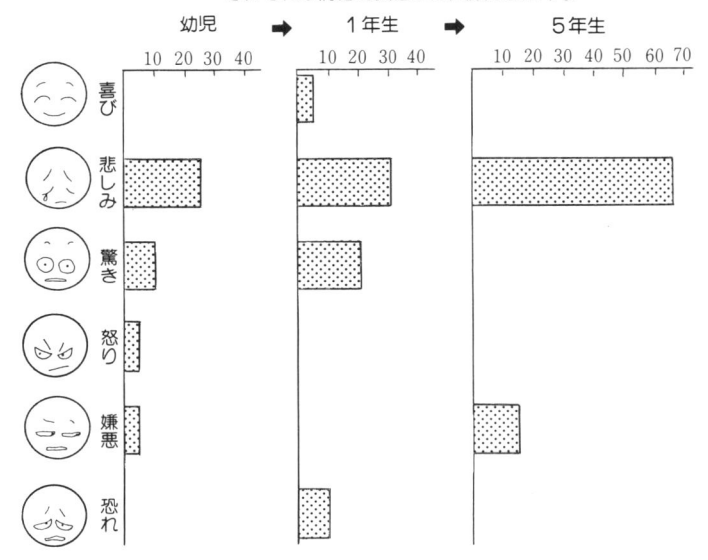

	幼児	1年生	5年生
喜び		わずか	わずか
悲しみ	~30	~35	~65
驚き	~15	~15	
怒り	~15		
嫌悪			~25
恐れ		~15	

どこまで他人の気持ちがわかるか —— 共感

共感：他者の感情事態を認知することによって，同じ感情をもつことをいう

　私たちは，人の不幸に対して自分も苦しい思いをしたり，人の喜びをまるで自分のことであるかのように喜んだりするときがある。他人の情緒を認知し，その情緒と類似の情緒を経験することを**共感**と呼んでいる。Ⓐは不幸な境遇にある人物の訴えを視聴している時の子どもの表情の割合を示している。悲しみの表情，つまり共感が加齢と共に高くなることがわかる。子どもの感情を共感的に受け止めることによって，子どもの感情を豊かな感性・情操へと発展させることができる。共感は親，教師，カウンセラーにとって必要な能力の1つなのである。

▶文献　首藤敏元　1994　幼児・児童の愛他行動を規定する共感と感情予期の役割　風間書房

ⓑ幼児の共通経験
達成感・満足感を一緒に体験することも共感にとって必要なこと

ⓒ共感の発達過程（Hoffman, 1981）

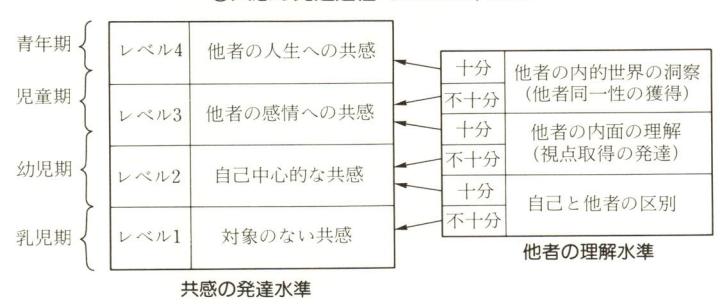

		共感の発達水準		他者の理解水準
青年期	レベル4	他者の人生への共感	十分／不十分	他者の内的世界の洞察（他者同一性の獲得）
児童期	レベル3	他者の感情への共感	十分／不十分	他者の内面の理解（視点取得の発達）
幼児期	レベル2	自己中心的な共感	十分／不十分	自己と他者の区別
乳児期	レベル1	対象のない共感		

　共感は乳児期にすでにみられる現象である。乳児の泣き声に反応して他の乳児も泣き出すことがよく観察される。これは原始的な共感として考えられている。自分の経験している情緒の原因が他者の感情体験にあることを認知し（自他の区別），他者の感情の原因や状況を具体的にイメージし（**視点取得**），他者の人生の中で他者の感情体験を理解する（他者同一性）という社会的認知の発達に伴って，共感は質的に変化していく。
　ⓒは共感の発達過程を示している。共感は他の情緒以上に認知発達との関連が深く，認知的な側面の発達と相互に関係しながら発達する。

視点取得：他者の行動の原因や感情事態を具体的にイメージ化して，他者の立場に立つこと

情緒的コンピテンスの要素 (Saarni, 1990)

- 自分の情緒状態に気づく能力
- 状況的な手がかりから他者の情緒を認識する能力
- 所属する集団で用いられる情緒語と情緒表現を使う能力
- 人の情緒経験に共感的にかかわる能力
- 内的な情緒経験と外的な表出とは必ずしも一致しないことの理解
- 所属する集団で用いられる表出ルールの理解
- 人の個人的な事情を考慮して,その人の情緒経験を推測する能力
- 自分の情緒表出が他者および人間関係に影響を与えることの理解
- 自分のネガティブな情緒経験に適応的に対処しうる能力

情緒の表し方もうまくなる──情緒の制御と情緒的コンピテンス

情緒の制御（情動制御）：個人のある目標を達成するために,自己の情緒反応をモニターし,評価し,変化させる心のはたらき

試合に負けて悔しくても人前では笑顔を作ったり,好きではないものをプレゼントされても笑顔でお礼を言ったりするように,私たちは年齢とともに情緒経験を直接的に表出することが少なくなる。一般に情緒の表出は直接的なものから状況に適した間接的なものへと変化する。つまり,私たちは情緒を制御し,内的経験と表出との固有の結合を作り変えることを学習する。情緒の制御能力を含み,自己と他者の情緒についてのさまざまな知識とスキルを総称して,情緒的コンピテンスと呼ぶ。図に示した情緒的コンピテンスの各要素の獲得は児童期の発達課題である。

▶文献　遠藤利彦　1995　乳幼児期における情動の発達とはたらき　麻生武・内田伸子(編)　人生への旅立ち：胎児・乳児・幼児前期（講座　生涯発達心理学2）　金子書房

5章　太陽が笑っている
■認知発達Ⅰ　児童期の認知発達

思考は段階的に発達するのか
コップがねんねしている？
ものを考えて行動するようになるには
数がかぞえられるようになるためには
ピアジェのいう保存とは
子どもは空間をどうとらえるか
見えていることと本当のこと
笑っているけれど本当は悲しんでいる？
これなぁに？　どうして？

ピアジェによる思考の発達段階 (野呂, 1983)

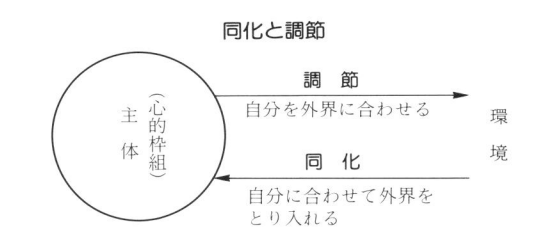

基本段階			下位段階		
前論理的思考段階	感覚運動期	誕生〜2歳	第一段階	反射の行使	0〜1カ月
			第二段階	最初の獲得性適応と第一次循環反応	1〜4カ月
			第三段階	第二次循環反応および興味ある光景を持続させる手法	4〜8カ月
			第四段階	第二次シェマの協応と新しい状況への適用	8〜12カ月
			第五段階	第三次循環反応と能動的実験による新しい手段の発見	12〜18カ月
			第六段階	心的結合による新しい手段の発明	18〜24カ月
	表象的思考期 前操作期	2〜7歳	第一段階	前概念的思考段階	2〜4歳
			第二段階	直観的思考段階	4〜7歳
論理的思考段階	具体的操作期	7〜11歳	物理的実在に限定した論理的思考		
	形式的操作期	11〜15歳	物理的実在から解放された抽象的思考		

同化と調節

主体（心的枠組）　調節　自分を外界に合わせる　→　環境
　　　　　　　　　同化　自分に合わせて外界をとり入れる　←

思考は段階的に発達するのか

同化：自分の習慣的なやり方で既存のシェマの中に外界を取り入れる機能

調節：外界に合わせて自分の習慣的なやり方、既存のシェマを変える機能

　思考の発達過程は，連続的に変化する量的な側面のみならず，それぞれ固有の質的な構造を基礎にもついくつかの段階によって時期区分することができる。

　ピアジェは，表のように思考の発達を体系的に段階づけた第一人者である。彼によれば，示された各段階の年齢範囲は1つの目安にすぎないが，それぞれの生起の順序性については固定的である。たとえば感覚運動期は，6つの段階を経て次の前操作期への準備をするが，具体的操作期に直結することはけっしてない。段階を飛び越えることも遡ることもないのである。

▶文献　波多野完治編　1965　ピアジェの発達心理学　国土社

幼児の思考の特徴

アニミズム	実念論（実在論）	人工論
生命のない事物・事象に，生命や意識などの生物的・心理的実在の属性を与える考え方。発達的には，次の段階を経るといわれる。①すべてのものに生命→②動くものにだけ生命→③自分の力で動くものにだけ生命→④生物だけに生命を認める。	思考・言語・夢など心理的産物に物理的実在を与える考え方。空想と実在の区別がつかないことから生じる。夢に見たこと，おとぎ話は実在すると考えるなど。	すべての事物・事象は，人間によってつくられたとする考え方。次の4段階に区別される。①すべてが生命・意識をもち，人間に奉仕する→②すべては人間によってつくられた→③半人工的，半自然的説明→④自然的，物理的機構によって説明。

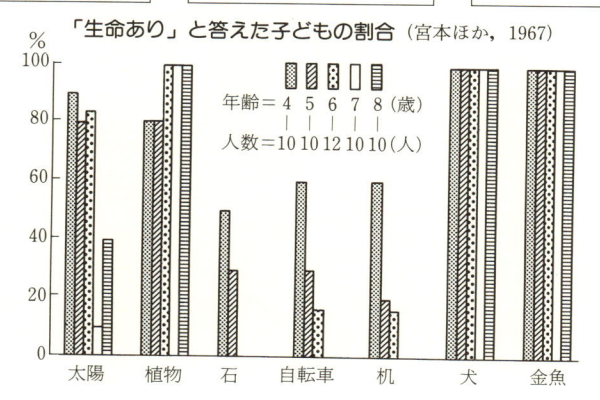

「生命あり」と答えた子どもの割合（宮本ほか，1967）

（棒グラフ：年齢＝4 5 6 7 8（歳），人数＝10 10 12 10 10（人）；項目：太陽，植物，石，自転車，机，犬，金魚）

コップがねんねしている？——原始心性と幼児心性

　南太平洋ソロモン諸島の原住民についてのフルガムの説明によれば，特殊な能力をもったきこりたちが夜明けにそっと木に忍び寄りいきなり声の限り喚き立て，その怒鳴り声で（木の精を殺し）木を倒すという風習があるという。原始心性の代表的な特徴である呪術的思考の一例といえるものであるが，表のように幼児の心性にも共通した面がみられる。「コップがねんねしている」「太陽が笑っている」などの**相貌的知覚**も前操作期の幼児に特徴的である。**アニミズム**は年齢とともに減少するが，生物にのみ生命を認めるようになる，すなわちアニミズムの克服は**具体的操作期**の最終段階以降である（上図）。

シェマ：同じような状況の中でみられる多くの活動に共通な構造

相貌的知覚：ウェルナーによって名づけられたもので，事物を人間の表情的に認知しようとすることで，精神発達の未分化な段階にみられる

▶文献　宮本美沙子ほか　1967　児童の生命の概念とその手がかり　教心研　**15**，85-91．

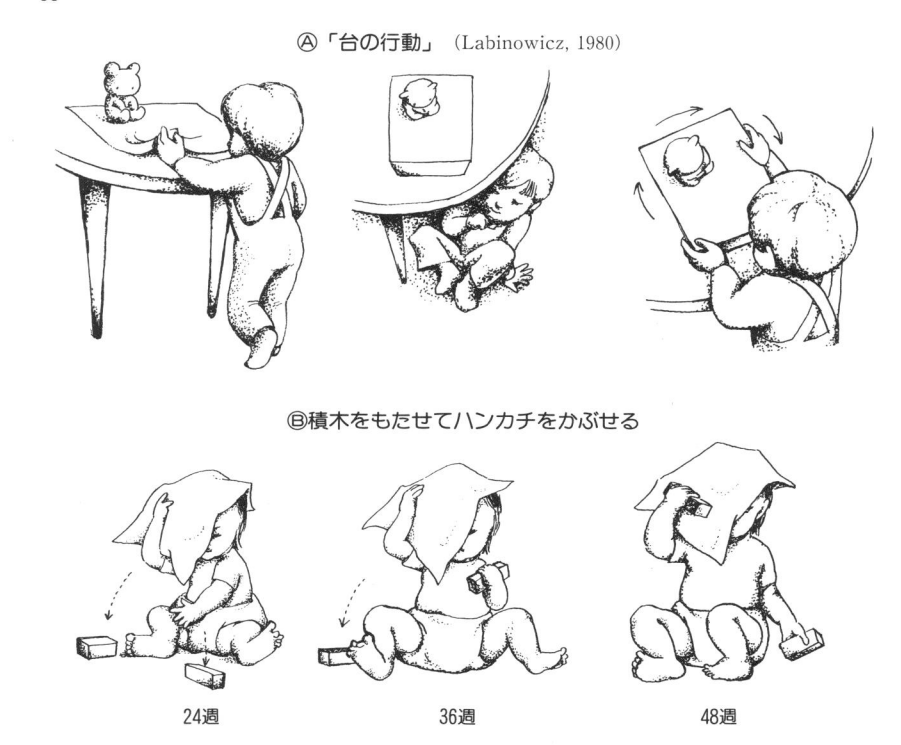

Ⓐ「台の行動」 (Labinowicz, 1980)

Ⓑ積木をもたせてハンカチをかぶせる

24週　　　36週　　　48週

ものを考えて行動するようになるには —— 知的行為のはじまり

表象：シェマを頭の中で思い浮かべることであり，遅延反応がその存在を予想させる

　感覚運動期の第4段階に達した乳児は，手段と目的との関係を明確にとらえ，行動を起こす前に予め目標を思い浮かべることができるようになる。ピアジェは，知的行為のはじめての成立をそこに認めている。その後，言語の獲得や運動の発達ともかかわり子どもの思考は著しく発達する。

　Ⓐは，「台の行動」とよばれる課題で第5段階の幼児が達成した行動を示している。興味をひく対象物がクッションや毛布あるいは回転台の上に直接には手の届かないように置かれてあっても，下のものを引き寄せることによるだけでなく，「台を回転させる」という新しい手段をも行使して目標物を手にすることができるのである。

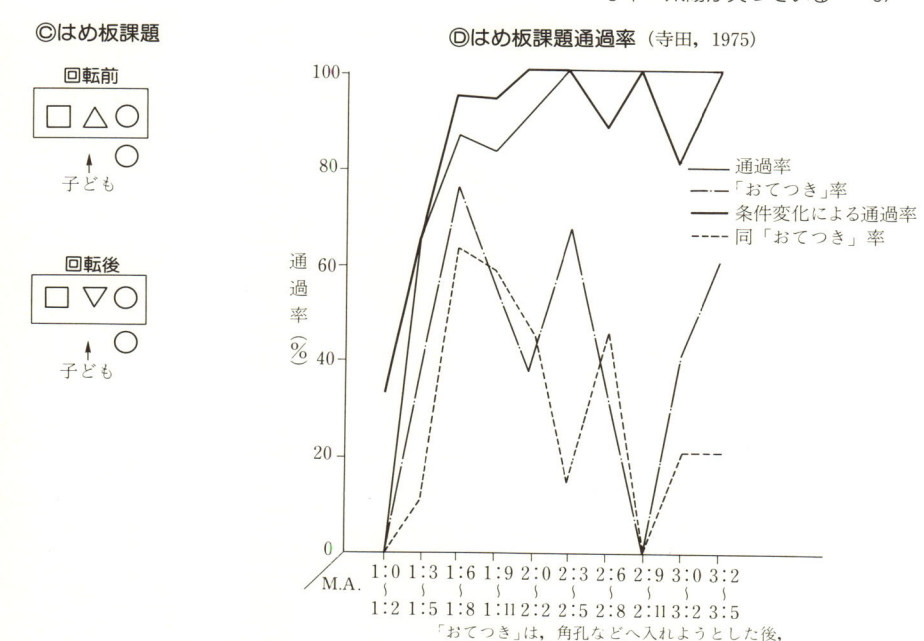

5章 太陽が笑っている

Ⓒはめ板課題

回転前
□ △ ○
↑
子ども

回転後
□ ▽ ○
↑
子ども

Ⓓはめ板課題通過率（寺田，1975）

― 通過率
―・― 「おてつき」率
― 条件変化による通過率
---- 同「おてつき」率

通過率（％）

M.A. 1:0〜1:2　1:3〜1:5　1:6〜1:8　1:9〜1:11　2:0〜2:2　2:3〜2:5　2:6〜2:8　2:9〜2:11　3:0〜3:2　3:2〜3:5

「おてつき」は，角孔などへ入れようとした後，円孔に入れる反応。通過率は，直ちに円孔へ入れた者と「おてつき」を加えたもの。

　乳児を座位にして両手に積木を握らせた直後に頭の上から布をかぶせるテストでは，両手に積木を持ったまま一方の手の指先でハンカチをとれるようになるのは生後48週になってのことである。それ以前はどうしても積木を落とす（→Ⓑ）。

　Ⓒのように，はめ板基盤に円板をはめ込ませた後，基盤を目前で水平180度回転して再度課題を与えると，1歳半前では誤りが多く，2歳になって100％の正答率となる（→Ⓓ）。これは，マッチ箱から鎖を出すというピアジェの「内面的実験」で認められた表象による解決手段の発明のように，感覚運動期第6段階の幼児における飛躍的な思考の発達に対応するといえる。

▶文献　寺田ひろ子　1975　発達の過程　心理科学研究会編　児童心理学試論　三和書房

Ⓐ 10まで数えられる子どもの割合 （日本保育学会，1970）

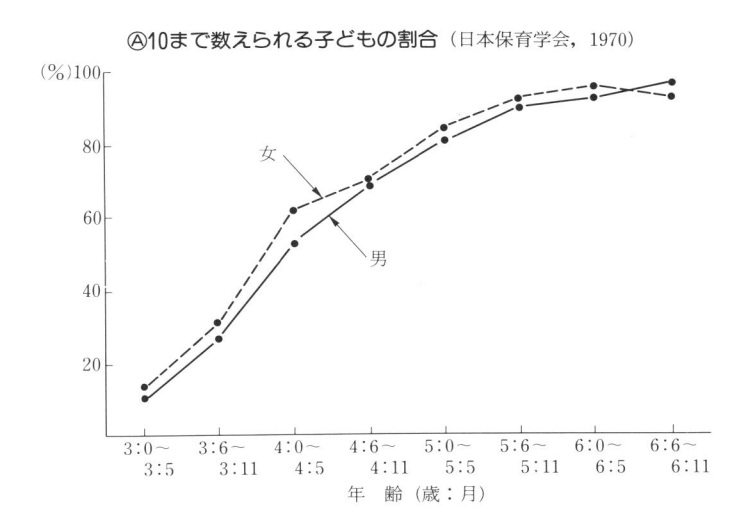

Ⓑ典型的な多少等判断課題

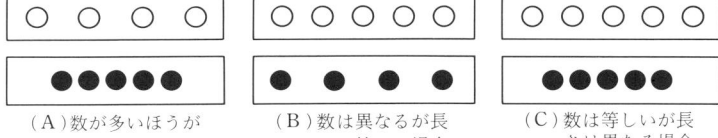

（A）数が多いほうが長さが短い場合
（B）数は異なるが長さは等しい場合
（C）数は等しいが長さは異なる場合

数がかぞえられるようになるためには ── 具体的操作期以前の子どもと数

具体的操作期：
具体的経験の支えがあれば，論理的に考えることが可能になる時期をいう。ピアジェの研究では，7，8歳頃〜11,12歳にかけてとある

幼児が数を上手に唱えられたり物の数がかぞえられるようになることは，世の親たちにとっては，文字が読めたり書けたりできることとあわせて非常に関心のあることであろう。そのような影響もあり，Ⓐのように最近の子どもの計数能力には高いものがみられ，特に就学直前の年長児にその傾向が著しい。しかし，計数能力が論理的な数概念の形成の必要十分な前提条件とはならないことはよく知られている。つまり，数概念は分類と系列化の操作的統合として形成されるとされ，数が理解されるということは，集合数と序数という2つの側面が統合されてはじめていえることなのである。

▶文献　日本保育学会編　1970　日本の幼児の精神発達　フレーベル館

©円群性化課題での年齢変化　○○○○○○○○○○　4歳

○ ○ ○ ○ ○　5歳

○ ○ ○ ○ ○ ○ ○ ○ ○ ○　7歳

Ⓓ10コの積木の階段再生

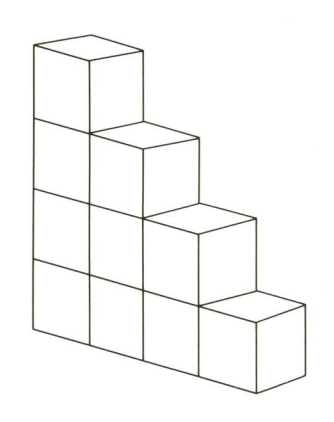

　たとえば，前操作期の幼児にⒷのような典型的な多少等判断課題を与えたとしよう。そこでの彼らは，数がかぞえられるにもかかわらず「長い方が多い」「詰まっている方が多い」など，直観的判断にひきずられた誤答をすることが多い。系列的操作についても同様で，©の「最大から最小に順に円を描かせる」ような群性化課題では，5歳児になって数個なら順序正しく描けるようになるが，4歳児は大小の円を交互に描く段階にとどまっている。このことは，10個の積木でつくった階段を再生させるようなテスト（→Ⓓ）でも認められる傾向である。数についての論理的な理解が形成されるとこれらの課題は正しく解釈されるが，それは，後述のように保存の成立をメルクマールとする具体的操作期を待つ。

群性体：合成性，可逆性，結合性，一般的同一性，特殊同一性の5つの属性を持つ，具体的操作期の思考における論理数学的モデル

Ⓐ 保存テストの例 (野呂, 1983)

	相等性の確定	変形操作	保存の判断
液量	容器の形や大きさの変化によっても，その中の液量は変わらない。		
	どちらも同じ入れものの中に色水が同じだけ入っていますね。	こちらの色水を別の入れものに全部移し替えます。	さあ，色水はどちらも同じだけ入っていますか。それともどちらが多いかな。
数	集合内要素の配置の変化によっても，その集合の大きさは変わらない。		
	○○○○○○○○ ●●●●●●●●	○○○○○○○○ ● ● ● ● ● ● ● ● ←広げる	○○○○○○○○ ● ● ● ● ● ● ● ●
	白色の石と黒色の石とでは，どちらも数が同じだけありますね。	いま，黒色の方を並べ替えてみます。	さあ，白色と黒色とでは，その数は同じですか。それともどちらが多いかな。

ピアジェのいう保存とは──具体的操作期と保存

脱中心化：児童における，たとえば，三つ山問題にみられるような，自己中心性からの脱却をいう

ピアジェによる**保存テスト**の一般的スタイルは，相等性を確認した２つの事象のうち一方を（実質を変えずに）変形したもとで，再度「２つは同じかどうか」発問することによって構成される。変形課題における異同判断とその判断の理由づけによって概念保存が形成されているかどうかが確かめられるのである（→Ⓐ）。顕著な１つの次元（液量の保存課題での高さや幅など）への知覚的中心化や変形操作に伴う著しい場面変化からの知覚的なまどわしによって幼児には困難な課題となる。これに対して，**脱中心化**を獲得する具体的操作期の子どもは，事象の変化を論理数学的に説明できるようになり概念保存に到達する。

▶文献　波多野完治編　1965　ピアジェの認識心理学　国土社

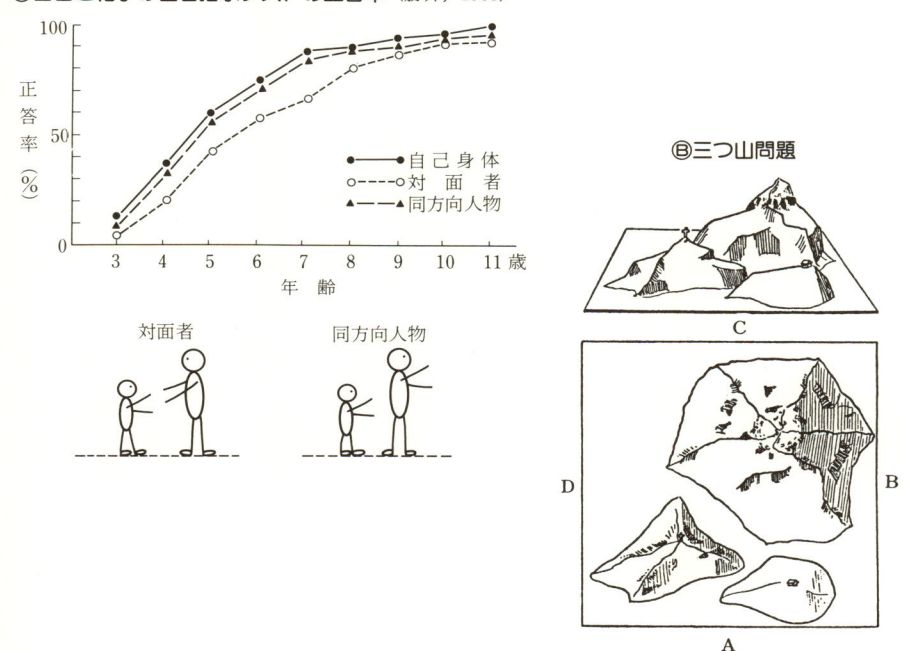

Ⓐ 自己と相手の左右指示テストの正答率 (勝井, 1968)

Ⓑ 三つ山問題

子どもは空間をどうとらえるか

　事物の方向や空間内の位置関係の判断は高次の思考操作を必要とする。だから，子どもの知的発達の水準に対応して特有の空間理解が見いだされる。Ⓐは身体の左右についての理解に関する加齢的変化を示している。4，5歳児でも，俗に「おはしを持つ方が右」と教えられるような「物の名前」としての概念のレベルで自己身体における左右は理解できるようになる。しかし，対面者の左右を正しく理解するのに必要な相対的な左右判断に到達するには8歳頃まで待たねばならない。さらに，より高度な空間理解が求められるⒷの「**三つ山問題**」では，自分の視点に中心化するために空間座標軸の変換操作が困難となり，幼児はもとより小学校低学年でも正しい空間判断ができない。

三つ山問題：子どもの認知発達の程度を測るために，テーブル上の粘土などで作った高さの異なる3つの山が，見る方向によって異なることが理解できるかどうかをたずねる問題

▶**文献**　田中芳子　1968　児童の位置関係の理解　教育心理学研究　**16**, 87-89.

Ⓐ 知的リアリズムから視覚的リアリズムへ (Freeman, 1972)

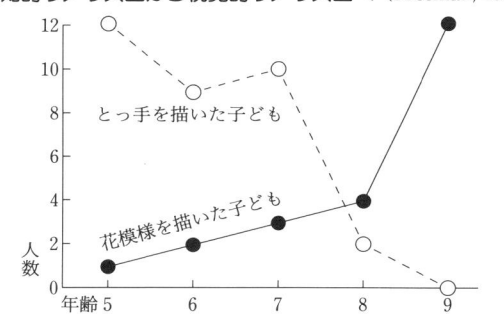

（グラフ：縦軸 人数 0〜12、横軸 年齢 5〜9）
・とっ手を描いた子ども（破線）
・花模様を描いた子ども（実線）

Ⓑ いろいろな角度からカップを「見えるとおりに」描かせると
① ② ③ ④

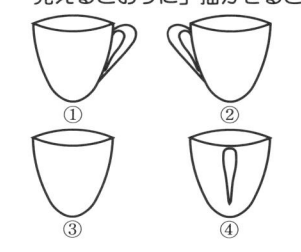

Ⓒ とっ手を描き分けた子どもの人数 (田中, 1977)
■ とっ手を描き分けた
□ とっ手を描き分けない
年長／年中

レントゲン画と知的リアリズム：レントゲン画は3, 4歳から7, 8歳頃までの図式画の代表的な例で, 見えないはずの吊り輪や乗客の全体像を描いたバスの絵のように幼児は「見えるもの」ではなく「知っていること」を描く傾向がある。このような知的リアリズムは幼児の自己中心性や空間理解の特徴によって説明される

「スマーティの箱の中の鉛筆」問題：外から中味が見えないように閉じられた菓子箱の中に鉛筆が入っていることを知る幼児は,（中味が鉛筆であることを知らないはずの）友だちもその菓子箱を見せられて自分と同じように鉛筆が入っていると考えるだろうと判断する

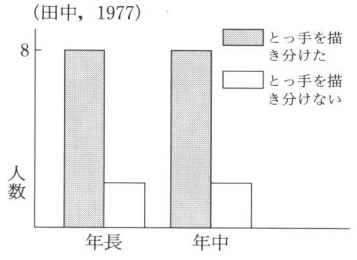

見えていることと本当のこと——知的リアリズム

　4歳から7歳頃の子どもの描画には知的リアリズムによって, 見えないはずのものまで描く**レントゲン画**のような特徴が見られる。フリーマンの実験では, 花模様が描かれたコップを子どもからは（花模様は見えて）とっ手が見えないように提示したところⒶのような結果を得た。5〜7歳では知的リアリズムが優勢であり視覚的リアリズムが優勢となるのは8歳を過ぎてからということになる。このように現実の知識が眼前の状況判断を惑わせる傾向は, フリスによる**「スマーティの箱の中の鉛筆」問題**のように他者感情の認知や思考・判断の領域においても特徴的に示される。他方最近の研究では,「見えるとおりに描く」ことを強調する描画課題のもとでは幼児でも視覚的リアリズムを使用することが示されている（→ⒷⒸ）。

▶文献　田中義和　河崎道夫編　1983　子どものあそびと発達　ひとなる書房

Ⓐ幼児の感情表出の制御に関する問題で用いられた教示例

研究者	問　題　文
Harris ら (1986)	ダイアナの兄は，ダイアナをいじめています。ダイアナは，もし，自分がどのような気持ちであるかを兄が知ったら，さらにいじめるので，本当の気持ちを隠そうと思っています。……ダイアナは兄にいじめられた時，どのような顔をしようとするか？
Zeaman & Garber (1996)	ある日，従兄からあなたに誕生日プレゼントが送られてきました。お母さんの前であなたがそれを開けると，プレゼントは小さい子どものためのオモチャで安物でばかばかしいものでした。従兄はあなたがそのオモチャを好きでないことを知っていました。あなたは怒ります。……その気持ちをおかあさんに見せますか？（怒りの感情）
澤田忠幸 (1997)	ケンタ君もタケシ君もチョコレートが大好きです。でも，ビスケットが大嫌いです。おやつの時間，ケンタ君は，チョコレートを貰いましたが，タケシ君はビスケットを貰いました。ケンタ君は，仲良しのタケシ君に自分の本当の気持ちを隠そうと思っています。……ケンタ君はタケシ君の前でどんな顔をしてるかな？（喜びの感情）

笑っているけれど本当は悲しんでいる？

　見えていること（見かけ）と「真実」との正しい区別は他者感情の認知にもつながる問題である。たとえば，自己の（本当の）感情を抑制して別の（見かけの）感情を表出したり，他者が微笑する表情を見せていても心の中では悲しんだり怒っていることを理解することは社会的な感情表出のルールとかかわって重要な課題となる（→Ⓐ）。2つの感情を区別する能力は**心の理論**の形成と関連するもので幼児期においても示され4歳から6歳にかけて発達することが確かめられている。このような感情表出とその制御には，表出する感情の種類，相手（対人関係），（なぜ制御するかの）動機の違いが要因として作用する。一般的にネガティブな感情の方がポジティブなそれよりも，向社会的な動機の方が自己防衛的なそれよりも，そしてより親近的でない対人関係のもとでの方が感情表出は制御されやすい。

心の理論：外界に現れる事象や行動とは別に（観察不可能な）心的世界が人それぞれの内面に存在し，それが外面的な行動に影響を与えているという認識のもとで，人の行動を説明するために用いられる心的機能に関する知識や原理。現実と非現実の区別や客観的な行動と内的な心理状態の区別は幼児においても可能であり，そこには心の理論の使用が認められる

疑問の４領域の発達的傾向（堀内，1967）

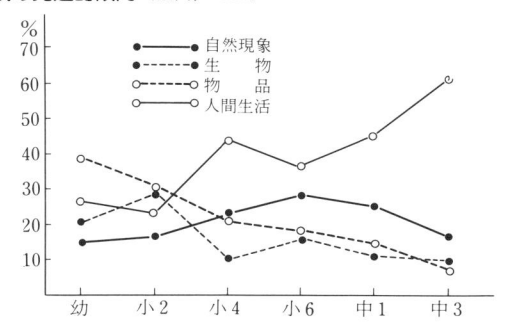

凡例：
- ●── 自然現象
- ●-- 生物
- ○-- 物品
- ○── 人間生活

横軸：幼，小2，小4，小6，中1，中3
縦軸：％（10〜70）

質問の形式と内容の発達的変化（堀内，1967）

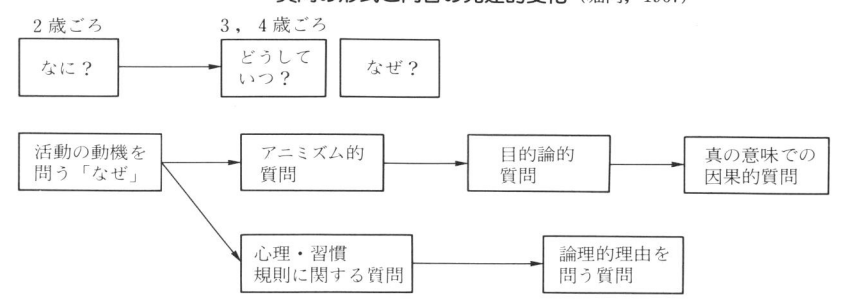

2歳ごろ： なに？
3，4歳ごろ： どうして いつ？ → なぜ？

活動の動機を問う「なぜ」 → アニミズム的質問 → 目的論的質問 → 真の意味での因果的質問

心理・習慣規則に関する質問 → 論理的理由を問う質問

これなぁに？ どうして？──子どもの疑問は科学心の芽生え

好奇心：バーラインによると，内発的に動機づけられた知的欲求や探索行動で，それぞれ知的好奇心と認知的好奇心に分けている

科学心：一般的に事象に関する既成観念や法則などについて疑問をもち，それを確かめる心理的態度

子どもは本来的に探索要求が強く，**好奇心**が旺盛である。その典型を大人に対する発問にみることができる。これらは3歳頃から目だって多くなり6歳頃に頂点に達するといわれ，特に疑問詞の獲得の時期の「質問攻め」はしばしば大人を困惑させる。「質問期」と名づけられるように幼児期の精神発達における特徴の１つであり，**科学心**の芽生えとすることができる。発達とともに質問の対象は，子どもの身辺に直接に関係するものから時間的，空間的に離れた事象へと移行する（上図）。

また，下図が示すように，質問のタイプも一般的には「なに」型から「なぜ」型へとかわり，後者の内容も発達的に変化していくとされる。

▶文献　堀内敏　1967　疑問の発達　滝沢武久編　講座現代思考心理学２　明治図書

6章　数学・科学の世界へ
■認知発達Ⅱ　青年期以降の認知発達

形式的な思考とは
論理的に考えるのは難しい
科学的思考と素朴な直観
文字式の理解
自分の限界を知る
認知的能力のピーク

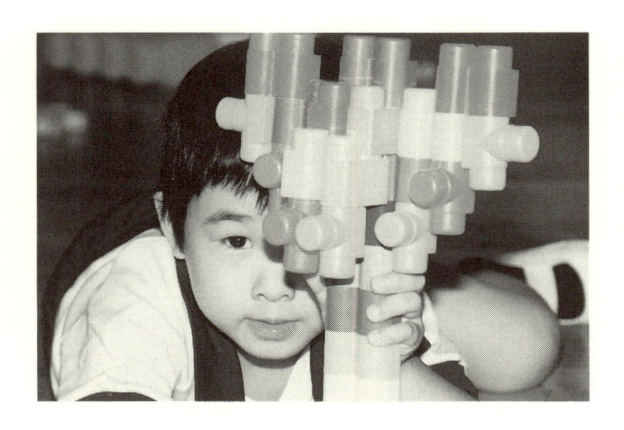

Ⓐ振り子課題 (Inhelder & Piaget, 1958)

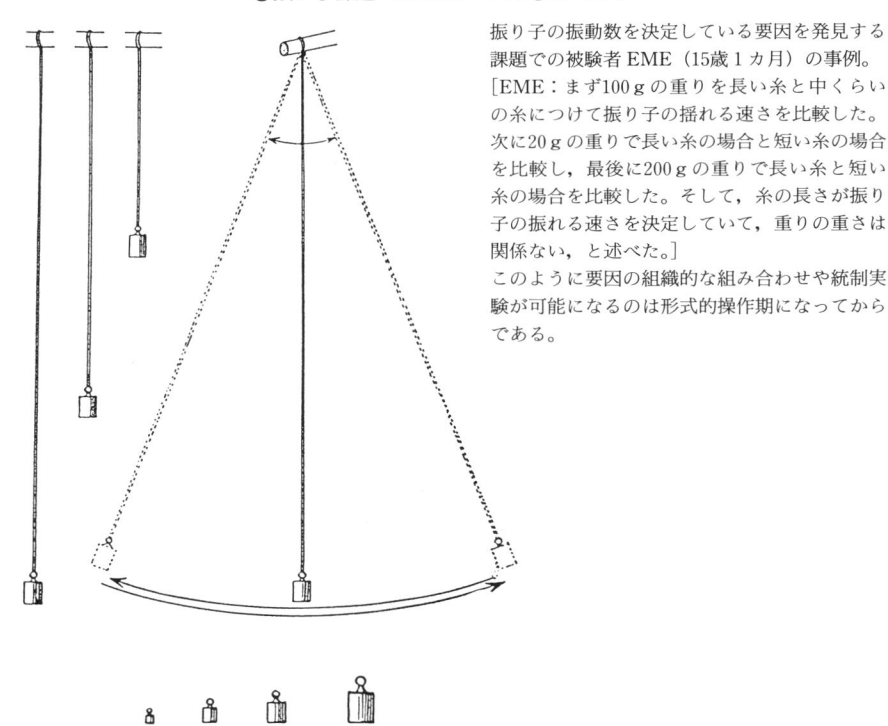

振り子の振動数を決定している要因を発見する課題での被験者 EME（15歳1カ月）の事例。
［EME：まず100gの重りを長い糸と中くらいの糸につけて振り子の揺れる速さを比較した。次に20gの重りで長い糸の場合と短い糸の場合を比較し，最後に200gの重りで長い糸と短い糸の場合を比較した。そして，糸の長さが振り子の振れる速さを決定していて，重りの重さは関係ない，と述べた。］
このように要因の組織的な組み合わせや統制実験が可能になるのは形式的操作期になってからである。

形式的な思考とは

　ピアジェは，具体的操作期に続く思春期以降の思考方法を形式的操作と呼んだ。その特徴は，(1)「いま・ここ」という具体的な現実世界から離れ，仮説から演繹的に推論して結論を出すことができること，(2)抽象的なシンボルなども用いる命題的な思考であること，そしてそれらの命題を操作して命題間に論理的関係をつくるといった2次的操作が可能になること，(3)事象にかかわる変数（影響を与える可能性のある要因）の組み合わせを組織的に列挙することができること（→Ⓐ），などである。

▶文献　フラベル　1963　岸本弘ほか訳　1969　ピアジェ心理学入門（上）　明治図書

ⓑU型管課題 (Inhelder & Piaget, 1958)

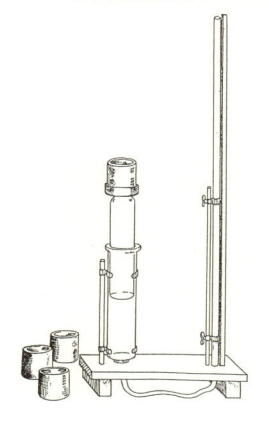

管内には液体が入っていて，重りを載せた左のピストンが圧力をかけることで右側の管の液体が上昇する。もっと重い重りを載せるか，もっと軽い液体に入れ替えると液体はさらに高く上昇する。重りを取り除くか，重い液体にもどすともとの水準に下がる。形式的操作期になると，4つの操作（重りの軽・重，液体の軽・重）を区別しつつ，それらの相互関係をきちんと考慮できるが，具体的操作期の子どもはせいぜい1つの操作とその逆を考えるだけで，4つの操作を体系的に考えることはできない。

　形式的操作期に達する時期には個人差があり，個人内でも領域によって成熟の度合いが異なる（水平的なズレ）。また，テストのような場面では形式的な思考の能力が見られたとしても，ふだんいつでもそのような思考法を用いるというわけではない（→ⓑ）。大学生の中で形式的操作思考を示すのは17〜67％に過ぎないとか (Elkind, 1961; Tomlinson-Keasey, 1972)，多くの成人は具体的操作の様式で思考している (Protinsky & Hughston, 1978) といった説もある。ピアジェ自身も後年，形式的操作はそれほど一般的ではないと述べていた。また，青年の形式的思考と異なる成人の思考の段階を発見しようとする試みもある。

▶**文献**　サントロック　1985　今泉信人ほか訳　1992　成人発達とエイジング　北大路書房

Ⓐ **4枚カード問題**（Wason & Johnson-Laird, 1972；Johnson-Laird & Wason, 1977）

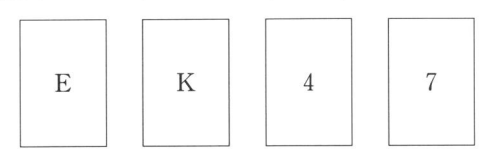

| E | K | 4 | 7 |

「4枚のカードとも表にアルファベット，裏には数字が書かれている。『母音が書かれているカードの裏には，偶数が書かれていなければならない。』というルールがこの4枚のカードについて正しいかどうか調べるにはどのカードを裏返してみる必要があるか。」

正解はEと7（Eと4という誤答が多い）。大学生の正答率はわずか4％であった。

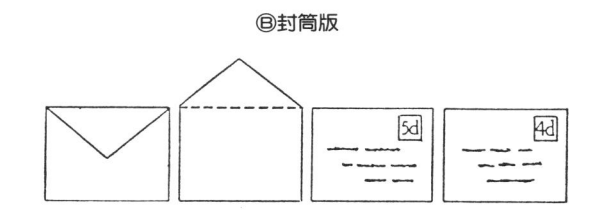

Ⓑ **封筒版**

「あなたは，郵便局で封筒をより分ける仕事をしています。あなたの仕事は，『もし封筒が封印されていたら，5dのスタンプが押されている。』という規則が破られていないかどうか確かめることです。上のどれをひっくり返してみる必要があるでしょうか。」

正解はいちばん左（封印）といちばん右（4d）。論理的にはオリジナルと同型だが，正答率は約90％と劇的に上昇した。

論理的に考えるのは難しい

領域固有性：思考は，内容に影響されない形式的な操作によって行われているのではなく，扱う領域に依存したものであるという説

青年期には具体的な内容をはなれた形式的な推論が可能にはなるのだが，常に論理学のルールにしたがって考えるわけではない。日常的な経験の影響も大きく，論理的には同じ型の課題でもその内容（材料の領域），抽象度の違いによって成績が大きく異なる場合がある。図の課題はひじょうに有名なもので，問題に用いる材料によって正答率が大きく異なることから，論理的推論能力の**領域固有性**を示すものとして多くの追試研究や論争を生んでいる。

▶文献　上野直樹　1982　形式的推論における型と内容　波多野完治監修　ピアジェ派心理学の発展Ⅱ　国土社

Ⓐ曲がったホース問題 (Kaiser, McCloskey & Proffitt, 1986)

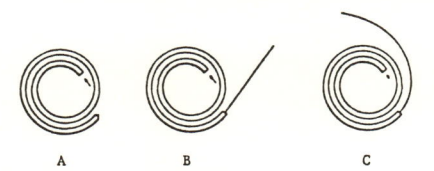

ボールが内側から外側へ転がって飛び出したとき，どのような軌跡を描くだろうか。正解はB。典型的な誤答はC。大学生でも4割ほどが誤答であった。

A　B　C

Ⓑボール落とし問題 (McCloskey, Washburn & Felch, 1983)

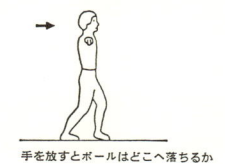

ボールを片手に持って一定の速度で歩きながら，ある地点でボールを手から放した場合，ボールはどのように落ちるか。正解はa（放物線を描いて落下する）だが，大学生のほぼ半数はbのようにまっすぐに落下すると答えた。

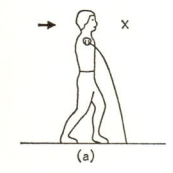

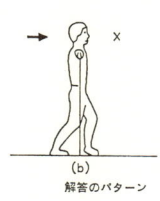

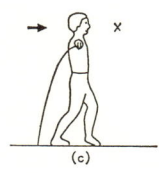

手を放すとボールはどこへ落ちるか

(a)　(b)　(c)
解答のパターン

科学的思考と素朴な直観

論理的な思考が発達し，自然や社会についての科学的・系統的な知識を学校で学んだとしても，"正しい"知識は簡単には身につかないことが多い。幼い頃からの日常的な体験を通して独自に作り上げた自分なりの理論や知識（しろうと理論あるいは**素朴概念**）は大人になっても根強く保持される。たとえば物理的な事象については図のような例がよく知られている。

素朴概念：日常経験の中で自然に身につけた概念。多くは科学的な概念と一致しない。しかし，それなりの一貫性があって，日常生活においては実用的な価値をもつことが多い

▶**文献**　村山功　1989　自然科学の理解　鈴木広昭ほか　教科理解の認知心理学　新曜社

文字式理解の発達水準分布の推移 （国宗・熊倉, 1996）

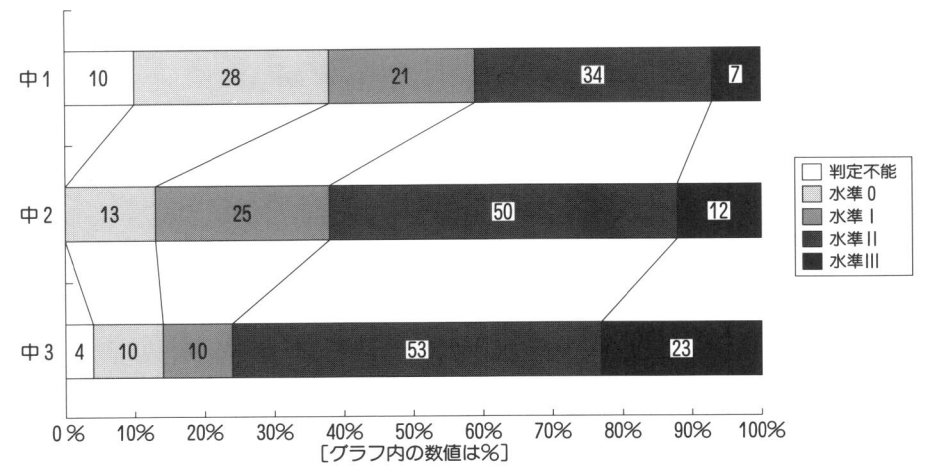

	判定不能	水準0	水準I	水準II	水準III
中1	10	28	21	34	7
中2		13	25	50	12
中3	4	10	10	53	23

［グラフ内の数値は％］

水準判定問題例

計算：2a＋5aを計算せよ。
表現：nを整数とするとき，偶数を表す式を書け。
読式：ある人が毎時4kmの速さでx時間歩くとき，4xは何を表しているか。
変数：nを1桁の自然数とするとき，3n＋2が表す数を考えられるだけ書け。

　国宗らによると，理解水準は次のような順序で発達する。
水準0…文字式の「計算」「表現」「読式」いずれもできず，「変数」についても理解していない。
水準I…「計算」はできるが，「表現」「読式」はできず，「変数」についても理解していない。
水準II…「計算」「表現」「読式」はできるが，「変数」については理解していない。
水準III…「計算」「表現」「読式」ができ，「変数」についても理解している。

文字式の理解

　具体的操作期から形式的操作期へ移行する時期は，学校で算数から数学へ進む時期とほぼ重なっている。中学の数学で本格的に扱うことになる文字式は，抽象的で形式的な操作の典型的な例といえる。文字式や方程式を理解し自在に操れるようになれば，複雑な問題も具体的な内容に惑わされずに容易に解くことができるようになる。しかし文字式の理解は容易ではなく，苦労する場合も多い。その理解は一気になされるわけではなく，質的に異なるいくつかの水準（段階）を経ると考えられている。

メタ認知的活動のモデル（三宮，1996）

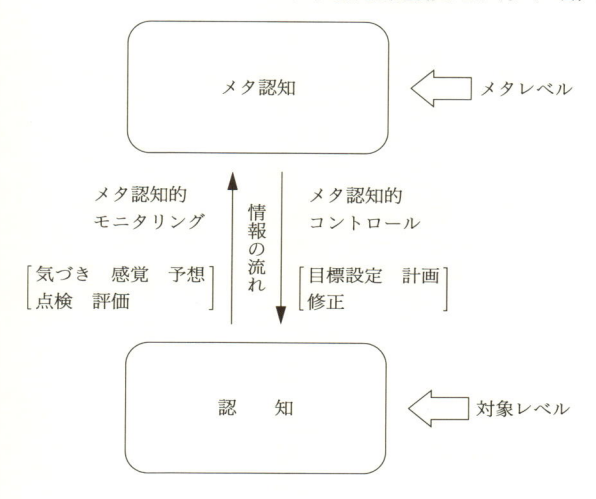

```
                メタ認知           ⇐ メタレベル
                  ↑ ↓
   メタ認知的      情 メタ認知的
   モニタリング    報 コントロール
                  の
   [気づき 感覚 予想]  流 [目標設定 計画]
   [点検 評価]     れ  [修正]
                  ↓
                  認　知           ⇐ 対象レベル
```

気づき：ここが理解できていない
感覚：何となくわかっている
予想：何となく解けそうだ
点検：この考え方でよいのか
評価：よくできている
目標設定：完璧に理解しよう
計画：簡単なところから始めよう
修正：この考え方ではだめだから
　　　別の考え方でいってみよう

自分の限界を知る

　知識が増え，記憶や推論などの情報処理能力が高まると同時に，それら認知過程を監視（モニタリング）したり，うまく働くようにコントロールしたりする機能も発達する。そのようなより高次の機能はメタ認知と呼ばれ，青年期に発達する自己意識の一部と考えられる。上の図はメタ認知活動をモデル化した一例である。メタ認知の能力は，学習や日常生活での経験を通じて知的機能や技能が発達（熟達化）するにつれて発揮されるようになる。

▶文献　三宮真智子　1996　思考におけるメタ認知と注意　市川伸一編　思考（認知心理学4）東京大学出版会

Ⓐ 再認テストにおける成人の反応時間 (Anders, Fozard & Lillyquist, 1972をサントロック (1985) が改変)

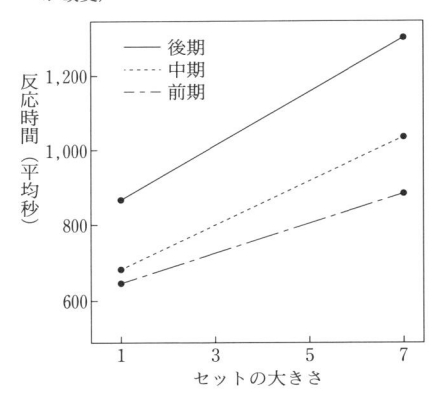

被験者に数字などの項目のリストを示し（例・3, 7, 9）記憶してもらう。それから別の数字を示し，それが記憶にある数字のどれかと一致するかどうかできるだけ速く答えてもらう。記憶する項目のリスト（セット）の長さを変化させて，反応時間を測定した。
前期…20歳前後～30歳代。
中期…40歳前後～60歳前後。
後期…60歳以上

Ⓑ 知能の発達の2つのタイプ (楠見, 1995)

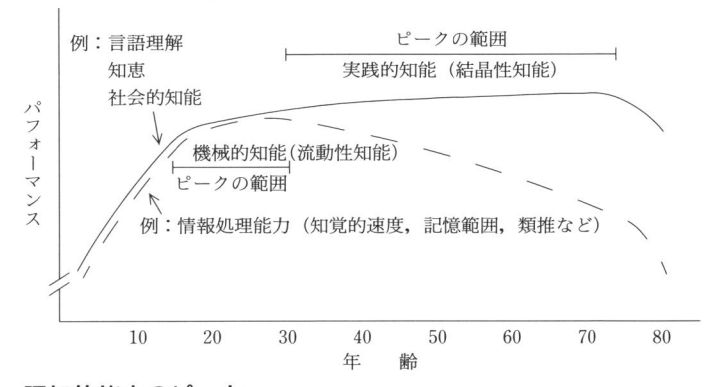

流動性知能／結晶性知能：キャッテルによる分類。流動性知能は，新しい場面への適応力，記憶・推理・計算などの側面。文化や教育の影響を受けにくい。一方の結晶性知能は，学習経験によって得られた技能や理解，判断力などの側面で，文化や教育の影響を受けやすい

認知的能力のピーク

認知的能力の中でも基礎的な情報処理能力，とくに処理速度や正確さにかかわる能力（機械的能力あるいは**流動性知能**）は青年期から成人期にかけてがピークであり，その後は年齢とともに徐々に衰えていく（→Ⓐ，Ⓑ）。一方，学習経験を積むことで得られるスキル，職業上の熟達化，社会的知識，メタ認知的知識などの実践的知識（**結晶性知能**）は青年期以降もむしろ高まっていく（→Ⓑ）。

▶**文献** 楠見孝 1995 青年期の認知発達と知識獲得 落合良行・楠見孝編 自己への問い直し 青年期（講座 生涯発達心理学4） 金子書房

7章　親子関係とは
■愛着と養育態度

赤ちゃんはなぜお母さんが好きなの？
親との愛情の絆
家族の機能と現代の家族
父親の子育て
養育態度の文化差

Ⓐ 母親の死にふさぎこむチンパンジーのフリント（グドール，1990）

母親が死んだのはフリントが8歳の時であった。フリントの場合，母親に対する依存が強すぎて独立できなかったものと考えられる。親子関係の中では，愛着の形成と自立の方向づけの両方が必要なのである。
＊フリントはチンパンジーの名。

写真出所：どうぶつ社

Ⓑ 針金製代理母親（左）と布製代理母親（右）（Harlow, 1958）

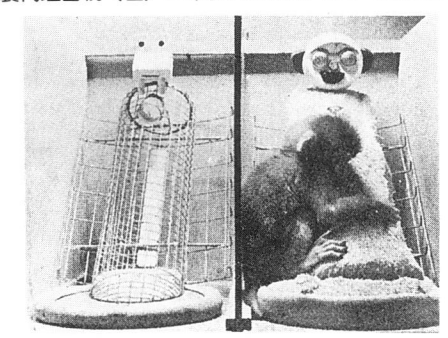

＊針金製代理母親授乳群の赤毛ザルも，布製代理母親のもとで長く過ごした。

註1：チンパンジーはヒトにもっとも近い動物であり，両者の共通祖先は約500万年前にいたと推定され，DNAの塩基配列で見ると，両者の違いはわずかである（松沢，2000）

2次的動因説：生理的要求の充足の手段，または通路となる刺激が動因としての役割を担うということ。この場合は，生理的要求の充足が媒介となって，母子が結びつくという意味

赤ちゃんはなぜお母さんが好きなの？──ハーロウの赤毛ザルの実験

親子間の愛着はチンパンジー[註1]の間でも非常に強く，愛着対象である母親を失ったチンパンジーがすっかりふさぎこみ，母親の後を追うように3週間後には死んでしまったという報告がある（→Ⓐ）。ふつう赤ちゃんは主な養育者，たとえば母親に強い愛着をもつようになる。愛着は，以前には「食べさせてもらうから」など生理的要求を満たすこととの関連で形成されると考えられていた（**2次的動因説**）。けれどもどうもそればかりではないらしい。ハーロウ（1958）は赤毛ザルを生まれてすぐに親から引き離し，「針金製代理母親授乳群（針金製代理母親からのみ授乳を受けていた群）」と「布製代理母親授乳群（布製代理母親からのみ授乳を受けていた群）」の2群に分けた。その後赤毛ザルを2種類の代理母親と同じ

©布製母親授乳群と針金製母親授乳群がそれぞれ2種の代理母親
（布製代理母親／針金製代理母親）と過ごした時間（Harlow, 1958）

布製代理母親授乳群／針金製代理母親授乳群

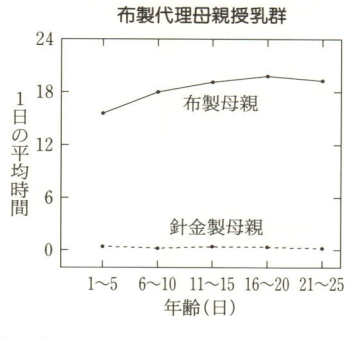

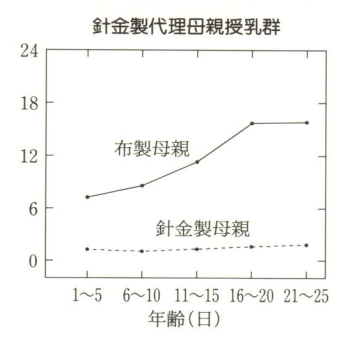

Ⓓ恐怖刺激（Harlow, 1958） 　　Ⓔ恐怖刺激が与えられた場合の布製代理母親への典型的な反応（Harlow, 1958）

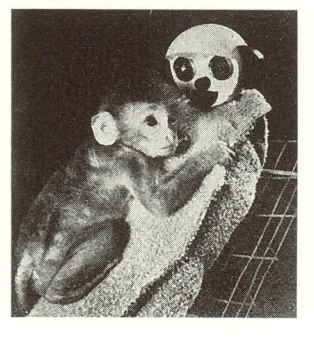

部屋に一緒にし，どちらのもとで長く過ごすかを観察した。2次的動因説が正しければ，「針金製代理母親授乳群」は授乳を受けたことで針金製代理母親に愛着を形成しているはずである。しかしどちらの群もさわり心地のよい布製代理母親と過ごす時間が多かった（→Ⓒ）。また，この部屋に恐怖心を起こさせるような動く熊のぬいぐるみ（→Ⓓ）などを入れると，どちらの群も迷わず布製代理母親に抱きつく様子（→Ⓔ）や，しばらくして代理母親を活動の拠点として**安全の基地**として探索活動を行う様子が観察された。これらの結果は，必ずしも乳を与えられることで愛着を形成するのではなく，「接触のもたらす安心感」が子どもの精神的安定の条件となっていることを示唆するものである。

安全の基地：母親などに安定した愛着を形成した子どもは，外界への好奇心をいだいたときに，その人物に対する基本的信頼を基盤として，外界を探索し世界を拡大することができる。不安や身体的・心理的苦痛に遭遇した場合には，その人物の存在が，不安を和らげ，探索のために再び外界に向かうことを可能にする

Ⓐ ボウルビィの愛着の発達過程 (繁多，1987より一部修正)

第1段階（誕生から生後8〜12週ごろまで）
［人物弁別をともなわない定位と発信］
　人とのかかわりのための様々な反応や行動（人に対してにっこりしたり，じっとみつめたり，目で追ったり，声を出したり，傍にいる人に手を伸ばしたり，摑んだり，など）がみられるようになる。しかしこの段階では，これらの反応や行動を向ける対象が特定されているわけではない。

第2段階（生後12週ごろから6ヶ月ごろまで）
［ひとり（または数人）の弁別された人物に対する定位と発信］
　人とのかかわりのための様々な反応や行動が増える。また，例えば母親に対して，他の人よりも余計に微笑んだり，よく声を発するというように，特定の人に対する"好み"がみられるようになる。しかし，特定の対象に対するはっきりとした愛着行動は次の段階から始まる。

第3段階（6ヶ月ごろから2，3歳ごろまで）
［発信ならびに移動による弁別された人物への接近の維持］
　特定の人（例えば，母親）を他の人々とはっきり区別して，特定の対象に対する接近・接触を求める。この頃になると，多くの乳児は特定の人（例えば，母親）に対して愛着と期待が充分に発達していることを示すようになる。例えば，他の人がいなくても平気なのに，母親がみえないと悲しんで泣き出す。この時，他の人があやしても泣き止まないのに，再び母親が目の前に現れ，抱き上げたり，あやしたりすると泣き止んだりする。

第4段階（3歳前後から）
［目標修正的協調性の形成*］
愛着の対象（例えば，母親）と離れていても，その対象との絆をしっかり心の中に保ち続けることができるようになる。この頃になると，多くの乳児は安全の基地を心の中に保ちつづけることができるようになる。例えば母親がみえるところにいなくても，「こういうつもりで，こういうことをしているからだ」ということを洞察できるようになる。

*「目標修正的協調性の形成」：相手の目標（例えば，母親は一人で買い物にでかけたいということ）を考慮に入れながら，自分の目標（例えば，おかしを買ってもらいたい）との間の調整（例えば，「わがままいわないから，連れていって」と言ったり，「お留守番するから，おかし買ってきて」と言う）をはかっていく経験を通して協調性の基礎が形成されるという意味。

親との愛情の絆――ボウルビィの愛着理論

愛着行動：愛着の対象との接近や接触を維持しようとする行動である。愛着行動には，「発信行動（泣き・微笑・発声）」，「定位行動（注視・後追い・接近）」，「能動的身体接触行動（よじ登り・抱きつき・しがみつき）」がある

　ボウルビィ（1976）は，「ある個体が他の特定の個体に対して接近を維持しようとするような愛情の絆」を愛着（attachment）と定義した。また愛着の具体的行動を**愛着行動**と呼んだ。彼によれば愛着は4段階を経て発達する（→Ⓐ）。一般的に2歳までに特定の養育者に愛着を形成するが，子どもによっては不安定な愛着しか形成しない場合もある。一般的に養育者が子どもを愛していて，その存在を尊重し受容して，子どもの発するシグナルに応答的である場合，子どもは安定した愛着を形成しやすい。1歳から2歳の子ども

Ⓑ 愛着の質（3タイプ）

Aタイプ（回避群）
これらの子どもは、親を安全の基地として探索活動を行うことがほとんどない。親を回避する行動がみられることを特徴としており、親との分離場面でも泣くことはめったになく、再会時にも親を無視したり避けたりなど嬉しそうな態度を示さない。日本では6.2%の子どもがこのパターンを示した。

Bタイプ（安定群）
これらの子どもは、親を安全の基地として積極的に探索活動を行う。ストレンジャー（子どもにとっての見知らぬ人）に対しても肯定的な感情や態度を見せることが多い。親との分離場面では、親の退室に悲しみに泣くが、親が戻ってくれば嬉しそうに親を迎え入れ、接触を積極的に求め、再び探索活動を始める。日本では79.2%の子どもがこのパターンを示した。

Cタイプ（アンビバレント群）
これらの子どもは、親を安全の基地として探索活動を起こすことがあまりできない（親との分離場面エピソード前から、不安の兆候を示す）。親との分離場面では、非常に強い不安を示し、親が戻ってきても、強く身体的な接触を求めながら、同時に親を激しく叩くなどして怒りを表し、反抗的な態度を取る。日本では14.6%の子どもがこのパターンを示した。

＊それぞれのタイプの日本の%は繁多（1987）の研究による。

Ⓒ エインズワースらのストレンジシチュエーション法の8場面 （繁多，1987を一部修正）

① 実験者が母子を室内に案内、母親は子どもを抱いて入室。実験者は母親に子どもを降ろす位置を指示して退室。（30秒）

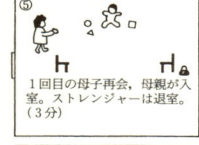

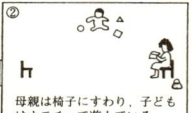

② 母親は椅子にすわり、子どもはオモチャで遊んでいる。（3分）

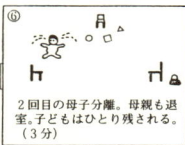

③ ストレンジャーが入室。母親とストレンジャーはそれぞれの椅子にすわる。（3分）

④ 1回目の母子分離。母親は退室。ストレンジャーは遊んでいる子どもにやや近づき、はたらきかける。（3分）

⑤ 1回目の母子再会が入室。ストレンジャーは退室。（3分）

⑥ 2回目の母子分離。母親も退室。子どもはひとり残される。（3分）

⑦ ストレンジャーが入室。子どもを慰める。（3分）

⑧ 2回目の母子再会、母親が入室しストレンジャーは退室。（3分）

エインズワースらによって標準化された1歳児の愛着評価の手続き。約4畳半の広さの実験室が使用され、そこに子どもが興味を持ちそうなおもちゃなどが置かれる。子どもと親の行動は、VTRに録画される。子どもは親子分離と再会を2回ずつ経験する。1歳の子どもにとってはかなりストレスの高い場面である。そのため、子どもが過度に苦痛を示したエピソードは短縮される。

の愛着の質（→Ⓑ）を測る方法としてひろく用いられているのが、エインズワース（1979）らのストレンジシチュエーション法（→Ⓒ）である（愛着の質の分類の仕方については、註2を参照のこと）。幼児に見知らぬ環境で8つの短いエピソード（親との短い分離や再会など）を経験させ、その時の行動を観察する実験室的方法である。安定した愛着が形成されているか否かは主に子どもが親を安全の基地として見知らぬ場所を探索するか、親の分離というストレスを経験した後で親と再会した場合、親を歓迎するかといったことで測られる。

註2：愛着の質の分類の仕方
母子の分離場面で、悲しみを示さない場合はAタイプに分類される。悲しみを示す場合には、さらに母親との再会によってその悲しみが容易に慰められるか否かという観点から、容易に慰められるBタイプと、容易に慰められないCタイプとに分類される（繁多、1987）

Ⓐ人口動態率の推移（坂東，1998）

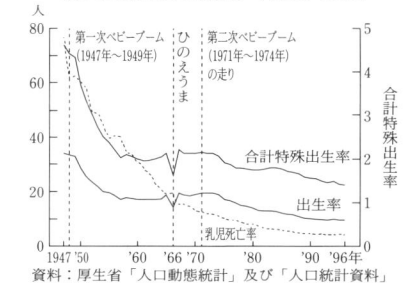

(グラフ：第一次ベビーブーム（1947年〜1949年）、ひのえうま、第二次ベビーブーム（1971年〜1974年）の走り、合計特殊出生率、出生率、乳児死亡率、1947〜'96年)

資料：厚生省「人口動態統計」及び「人口統計資料」

Ⓑ離婚率の推移（人口千対）（坂東，1998）

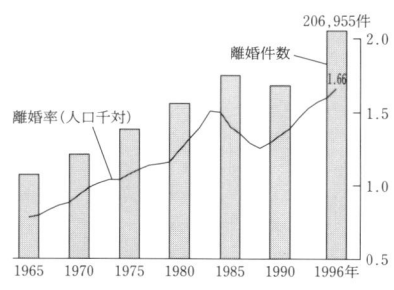

206,955件　離婚件数　離婚率(人口千対) 1.66

1965　1970　1975　1980　1985　1990　1996年

＊「離婚率」とは人口1000人当りの1年間の離婚数である。年齢別の離婚率はどの年齢層でも1960〜1965年ごろを境に上昇傾向にある。若年層ほど離婚率は高いが、結婚20年以上の夫婦の離婚率も増加している。

Ⓒ末子の年齢別母親の就業状態（坂東，1998）

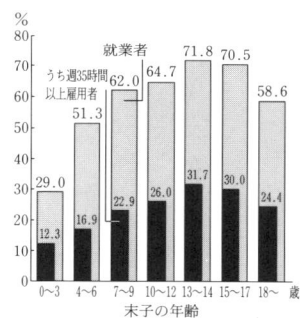

就業者／うち週35時間以上雇用者

末子の年齢	就業者(%)	うち週35時間以上雇用者(%)
0〜3	29.0	12.3
4〜6	51.3	16.9
7〜9	62.0	22.9
10〜12	64.7	26.0
13〜14	71.8	31.7
15〜17	70.5	30.0
18〜	58.6	24.4

＊「週35時間以上雇用者」とは非農林業雇用者のうち、週35時間以上仕事をしている者を指す。働く母親の就業率は末子の年齢が0〜3歳で29.0%、末子の年齢が13〜14歳で71.8%となっている。

資料：総務庁統計局「労働力調査特別調査」（1994年2月）

社会化：生まれあわせた社会に適した考え方や行動の仕方を身につけること

心の理論：人の心の状態を推察するための認知的枠組み

少子化：日本の合計特殊出生率は、1996年度で1.42人であった。合計特殊出生率とは、ある年次について再生産年齢（この場合は15〜49歳）にある女子の年齢別特殊出生率の合計のことで、1人の女子が一生の間に生む平均子ども数を表している

家族の機能と現代の家族

子どもの発達において家族は、身体的な保護やさまざまな感覚刺激を与えるほかに、これまで触れたような精神的な安定の場としての機能と、**社会化**の担い手としての役割とがある。家族は子どもが人間関係のもち方を練習する場として機能し（たとえば、ダンによると**心の理論**の獲得に、きょうだいとのやりとりの経験が関係してくる）、さまざまな家族成員（両親、きょうだい、祖父母など）との関係の中で生き方の文化が伝達される。しかし現代の家族はさまざまな事情によりその形態が変わりつつある。たとえば、**少子化**（→Ⓐ）、離婚の増加（→Ⓑ）、母親の就業（→Ⓒ）などにより多様な家族のあり方に即した家族と子どもとの関係を考えていく必要がある。

ⓓ児童虐待に関する相談件数の推移（日本子どもを守る会編，2000）

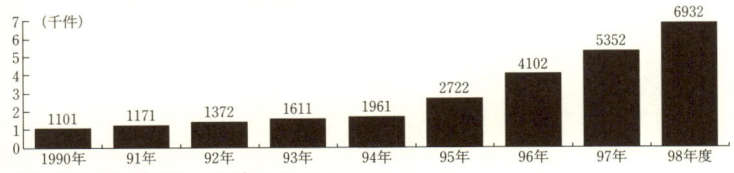

年度	件数
1990年	1101
91年	1171
92年	1372
93年	1611
94年	1961
95年	2722
96年	4102
97年	5352
98年度	6932

資料出所：毎日新聞　1999年11月2日
出典：子ども白書・2000年版　草土文化

＊1998年度，児童相談所に寄せられた虐待に関する相談件数は年間で6932件（過去最高の数字）に達し，前年度と比べると1500件（約3割の増加），調査当初の90年度との比較では6倍も増加している。しかし，この数字は氷山の一角にすぎない。虐待死は1998年度で41件であった。

ⓔ1998年度の虐待内容の内訳（日本子どもを守る会編，2000より作成）

身体的暴力	53.0%
保護の怠慢・拒否	30.4%
心理的虐待	9.4%
性的虐待	5.7%
登校禁止	1.5%

＊表中の用語説明：「保護の怠慢・拒否」は食事を与えない，病院に連れていくべきなのに放置している，などが該当。「心理的虐待」は無視したり，「おまえなんか，生まれてこなければよかったのに」といったことを繰り返す場合が該当。また，「登校禁止」は家に閉じ込めるなどが該当。

乳幼児期に重要な他者と愛着関係が築けない場合，言語や社会性の発達に遅れがみられるという報告が少なくない。たとえば，虐待の増加は深刻な社会的問題となっている（→ⓓⓔ）。しかし，たとえ心理的・社会的・物理的に貧しい養育環境であったとしても，後に良好な対人関係を築く機会が得られれば，言語面，情緒面において正常に成長することが数々の報告からみいだされている（たとえば，藤永ほか，1997＊解説1参照）。また離婚などから母子寮に暮らす親子を3年にわたって追った研究では，外的な条件である単親家庭であることが必ずしも子の不適応を生むのではなく，むしろそうした条件が母子の結びつきを強め，子の積極性や協調性，独立性を育てる場合があることをみいだしている（鈴木，1990）。

解説1：藤永ら（1987／改訂版1997）は発達の初期において初期経験の剥奪を経験した2人の事例児（発見当初，その発達水準が満1歳程度と推定された，実際には，満6歳と5歳の子ども）の14年間にわたる追跡研究の報告書の中で次のようなことを述べている。「F，Gの事例で愛着という点に関しもうひとつ目立つのは，担当保育者とFとは当初から相性がよく，乳児院に収容されて即時にといってよいくらい早く強い愛着形成が認められた。これに対して，Gでは愛着の絆が容易に成立せず，誰の担当であろうと無差別にその膝に座りこむという具合であった。そうして，Fの方にはきわめて順調な言語獲得が行われていったのに対して，Gでは遅々たる進歩しかみられなかった。しかし，ここで止むなくGの担当保育者を交代してもらったところ，それ以降急速に言語獲得が始まり，表情その他の社会的反応は豊かになり，また自分の方からの他者や事物への積極的なはたらきかけが増大していくことがみられた」

▶文献　藤永保・斎賀久敬・春日喬・内田伸子　1997　「人間発達と初期環境——初期環境の貧困に基づく発達遅滞児の長期追跡研究　有斐閣，p.260.

Ⓐ 父親・母親が子どもと遊ぶ時の遊びの型
（ラム，1976；宮本，1978より）

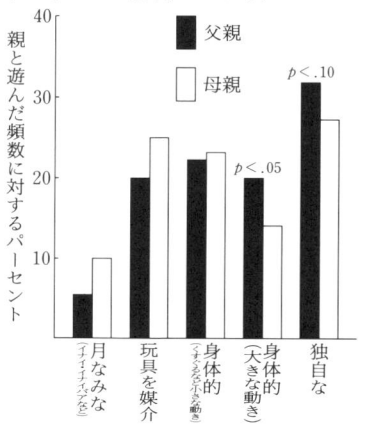

横軸：月なみな（イナイナイバアなど）／玩具を媒介／身体的（こきざみな動き）／身体的（大きな動き）／独自な

縦軸：親と遊んだ頻数に対するパーセント

凡例：■父親　□母親

$p < .10$、$p < .05$

＊父親は大きな動きの身体的な遊びや、独自な遊びを多くする傾向がある。

Ⓑ 父親・母親が子どもを抱く目的
（ラム，1976；宮本，1978より）

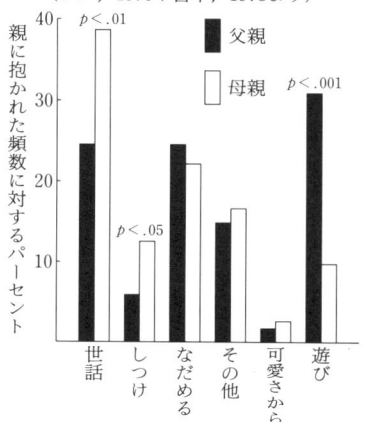

横軸：世話／しつけ／なだめる／その他／可愛さから／遊び

縦軸：親に抱かれた頻数に対するパーセント

凡例：■父親　□母親

$p < .01$、$p < .05$、$p < .001$

＊父親は遊ぶために子どもを抱き、母親は世話をするために子どもを抱く。

父親の子育て

育児における父親の重要性は、最近広く認識されるようになってきた。ラム（1976）によれば、父親と母親との間には子どもへのかかわり方に性差があるという（→ⒶⒷ）。また性役割学習のモデルとしての父親の役割も指摘されている（たとえば、父親は「合理性」、「課題解決思考」、「リーダーシップ」などにおいて役割づいているという考え）。一方で、育児への肯定的な感情に性差はみられず（柏木・若松，1994）、むしろ（大学生を対象とした研究ではあるが）赤ちゃんにどれだけ接したかといった接触経験の個人差が赤ちゃんへの肯定的な感情の個人差と関係するという指摘もみられる（花沢・松浦，1996）。ところで、夫の家事、育児の手伝いを当然とする意識は男女とも調査の度に増えている（NHK放送文化研究所，2000）が、現状では日本の父親の育児参加は1日平均17分と少なく（日本子どもを守る会編，2000）、また父親が子どもと過ごす時間は、他の諸外国の父親に比べて少ない（日本子どもを守る会編，2000）という報告がみられる。

▶文献　柏木惠子（編）　1998　結婚・家族の心理学——家族の発達・個人の発達　ミネルヴァ書房

Ⓐ 日米の母から子へのコミュニケーションのあり方
(Fernald & Morikawa, 1993を参考に作図)

日本の母親	アメリカの母親
【犬のぬいぐるみ】	【犬のぬいぐるみ】
かわいいでしょ。ワンワン。	これは犬ね。ここは目ですよ。
【自動車のおもちゃ】	【自動車のおもちゃ】
行きますよ。はい，ブーブ。	これは自動車ですよ。大きなタイヤがついてるでしょ。

イラスト：渋谷キミエ

Ⓑ 社会的表現の頻度とその内訳
(Fernald & Morikawa, 1993)

「こんにちは」などのあいさつ表現
「かわいい，かわいいしてあげて」など共感的表現
「はいどうぞ」「ちょうだい」など交換の表現

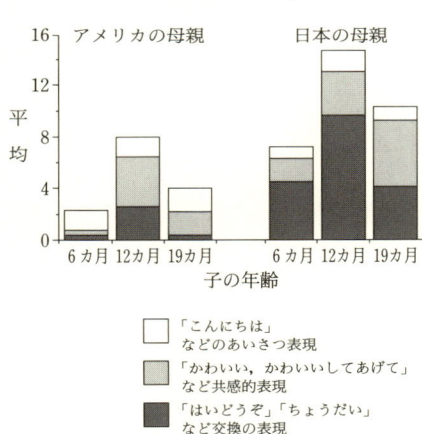

養育態度の文化差

　家族のあり方は，個々の家族によって，地域によって，さらに国によってさまざまである。犬のぬいぐるみや車のおもちゃを介した母子のコミュニケーションのあり方について日米で比較した研究 (Fernald & Morikawa, 1993) を紹介しよう。アメリカの母親は，「これは車ね」「大きなタイヤがついてるわね」というように物の名前に子どもの注意を向けさせるのに対して，日本の母親は物の名前を言う代わりに，物を介してかかわり自体を一緒に楽しむ様子が観察された (→Ⓐ)。たとえば，日本の母子では，犬を使って「こんにちは」と挨拶をかわしたり，「かわいい，かわいいしてあげて」というように気持ちを共有するようなかかわり，また「はいどうぞ」「ちょうだい」といったやりとりが多く観察された (→Ⓑ)。

◎いうことを聞かせるためにあげる根拠の日米比較 （東，1994）

	根　　拠	日本(%)	アメリカ(%)
1	親としての権威	18	50
2	規則	15	16
3	気持ち	22	7
4	結果	37	23
5	その他	8	4

＊子どもが3歳半の時の調査。1.親としての権威は，ただ食べなさいと繰り返すだけだったり，「だめ」「いうことを聞きなさい」など，食べなければいけない根拠として子どもに伝えられるメッセージはそれが親の命令だということに尽きる場合。2.規則は，「食べることになっているでしょ」「積み木は投げるものじゃない」などが該当。3.気持ちは，「せっかくつくったのに困るじゃないの」「ぶつけられたらお友だちは痛いよ。○○ちゃんがやられたらどう？」などが該当。4.結果は，「これ食べないと大きくなれない」「食べないと病気になって遊べないよ」などが該当。

解説2：子どもが5歳の時に，母親に41項目のカテゴリー（「おとなに手伝ってもらわずひとりで食事ができる」「友だちの気持ちに思いやりをもつ」など）を渡し，それぞれが何歳くらいでできるようになってほしいかを考えてもらった。日米の母親の発達期待については，アメリカで「社会的能力」や「言語的自己主張」が，日本で「従順」「行儀」「感情の制御」「身のまわりのことの自立」が，それぞれ5歳の子を持つ母親が早くできるようにならなければならないと考える領域であった（詳細は東（1981）を参照のこと）

7場面：「夕食の野菜を食べなかったら」「お薬を飲まなかったら」「スーパーマーケットで駆け回り，他の買い物客の迷惑になっていたら」「友だちに積み木をぶつけていたら」「壁にクレヨンで絵を描いたら」など

註3：たとえば，「○○ちゃんが夕食に出された野菜を嫌いだと言って食べようとしなかったら，あなたは○○ちゃんに何とおっしゃいますか。○○ちゃんが今ここにいると思っておっしゃってください」というように子どもがよくない行動をしている場面を思い浮かべてもらい，しつけ方略を面接でたずねた

また東ら（1981）は，養育態度の文化差についてアメリカと日本の母親の養育態度がさまざまな形（たとえば日米の母親の発達期待の違い＊解説2参照）で異なるということをみいだしている。また子どもがよくない行動をしている場面（全**7場面**）を思い浮かべてもらい，母親のしつけ方略を面接でたずねている＊註3が，アメリカでは親子の権威関係に基づく命令（「食べなさい」「だめ」「いうことを聞きなさい」）が，他方，日本ではいうことを聞かなければどういう望ましくない結果になるかをわからせようとする方略や親子の親和的関係を保つような気持ちに訴える方略（「せっかくつくったのに困るじゃない」）がそれぞれ特徴的であった（→◎）。どちらの方略が優れているかということは簡単には言えないが，文化によってしつけのパターンはいろいろである。家庭における養育態度が文化的なことに影響されているということを留意する必要がある。

8章　友だちのひろがり
■友人関係の発達

友だちをはじめてつくる
家族より友だちといる方が楽しい年頃
友だちができてゆく
クラスの構造を見る
家族から仲間へ
友だちを見て育つ
友だちを見る目の発達
友人関係が希薄になっている？

社会的遊びの発達 (Eckerman, Whatley & Kutz, 1975)

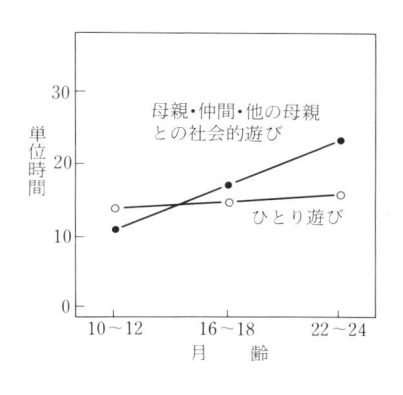

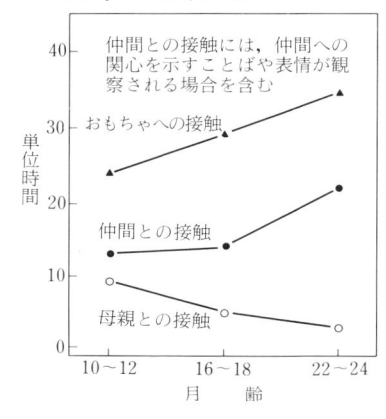

[左図] 単位時間（縦軸：0〜30）、月齢（横軸：10〜12、16〜18、22〜24）
- 母親・仲間・他の母親との社会的遊び
- ひとり遊び

[右図] 単位時間（縦軸：0〜40）、月齢（横軸：10〜12、16〜18、22〜24）
- 仲間との接触には，仲間への関心を示すことばや表情が観察される場合を含む
- おもちゃへの接触
- 仲間との接触
- 母親との接触

友だちをはじめてつくる —— 友人の形成

同年輩の子どもに対して，子どもたちが本格的にかかわろうとするようになるのは，1歳を過ぎてからである。

図は，1歳〜2歳の幼児とその親を2組ずつ同室させて，幼児の遊びを観察した結果である。1歳前後ではまだひとり遊びが多いが，その後社会的遊びが増加してくる。特に，母親との接触が減少し，仲間との接触が増加しているのが注目される。

また，この時期は，仲間との直接的接触より，共通のおもちゃや遊びを介しての相互作用が多い。このことは，おもちゃへの接触と仲間との接触がほぼ対応して増加していることからも確認できる。

▶**文献** 高橋たまき　1984　乳幼児の遊び　新曜社

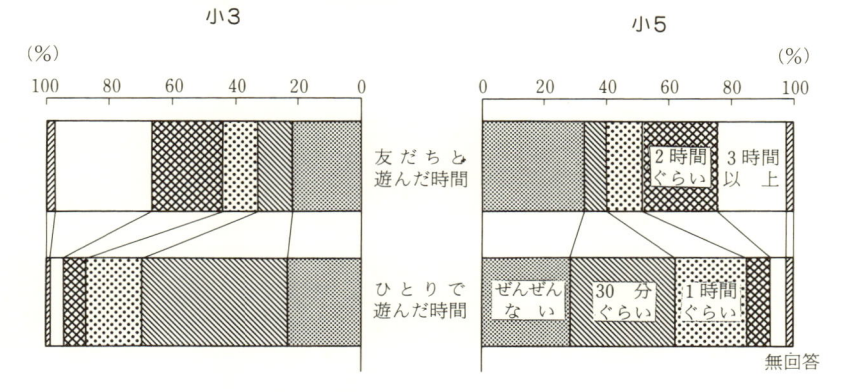

家に帰ってから遊んだ時間 (東京都生活文化局, 1981)

小3 / 小5

友だちと遊んだ時間 / ひとりで遊んだ時間

2時間ぐらい / 3時間以上 / ぜんぜんない / 30分ぐらい / 1時間ぐらい / 無回答

いっしょに遊ぶ友だち (日本青少年研究所, 1984)

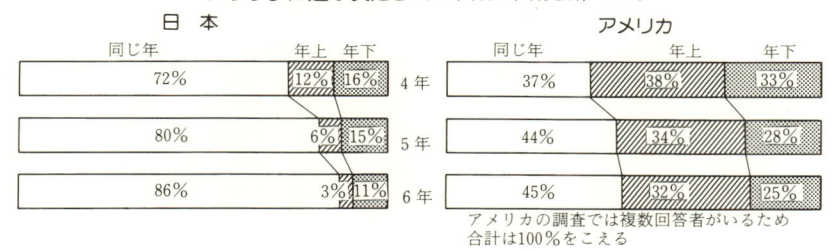

日本 / アメリカ　　同じ年 / 年上 / 年下

学年	日本 同じ年	年上	年下	アメリカ 同じ年	年上	年下
4年	72%	12%	16%	37%	38%	33%
5年	80%	6%	15%	44%	34%	28%
6年	86%	3%	11%	45%	32%	25%

アメリカの調査では複数回答者がいるため合計は100%をこえる

家族より友だちといる方が楽しい年頃 —— 友だち志向時代

児童期は仲間志向の時期である。特に児童期後期は，**ギャングエイジ**とも呼ばれ，仲間とのつながりがもっとも強まる時期である。

最近の各種の調査では，小・中・高校生とも「仲のよい友だちが1人もいない」と回答する者は10%に満たない。特にわが国では，同年齢同士の等質で緊密な友人関係を形成し，発達させる傾向が非常に強い。

上図に見られるように，子どもたちは学校内外の多くの時間を，この等質性の高い友人集団の中で過ごしている。友人と行動をともにする機会は学年とともに増加し，生活の広い範囲にわたるようになる。この傾向は，女子の方により顕著である。

ギャングエイジ：小学校中・高学年頃，仲間集団が急速に発達し，常に徒党を組んで，遊んだり，反社会的な行動をする時期をさしていう

▶文献　小林さえ　1968　ギャングエイジ　誠信書房

どんな行動を友だちとしているか (田中, 1981)

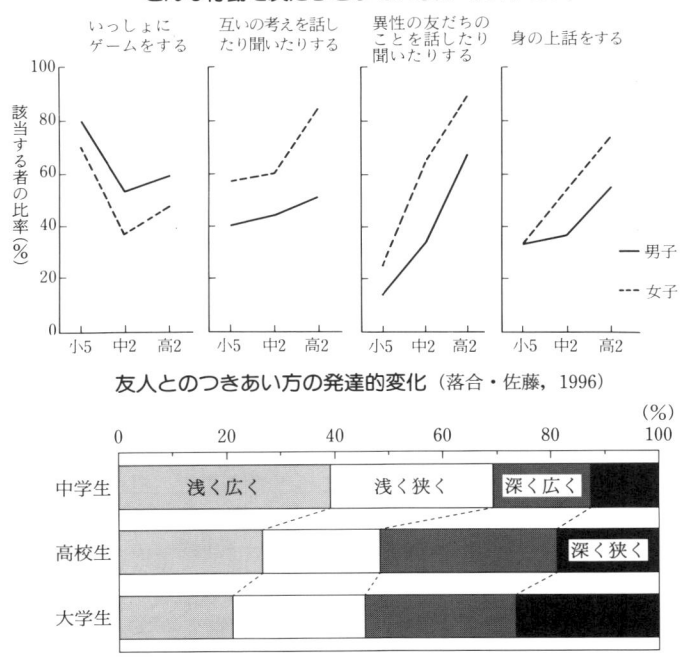

いっしょにゲームをする／互いの考えを話したり聞いたりする／異性の友だちのことを話したり聞いたりする／身の上話をする

―― 男子
--- 女子

友人とのつきあい方の発達的変化 (落合・佐藤, 1996)

中学生／高校生／大学生
浅く広く／浅く狭く／深く広く／深く狭く

友だちができてゆく ── 友人関係の深まり

このような，友人との広範囲で親密な関係の中で，友人とのふれあいはさらに深みを増していく。

どのような行動を友人といっしょにしているかを，発達的に詳しく見ると（上図はその一部），単に共通の活動に参加するような関係から，身の上話や異性の友人のことを話したりするような，より内面的なつきあいへと発達していることがわかる。

また，友人を信頼し心を開きあうようになるのにともなって，多くの人と気軽につきあうような友人関係から，しだいに特定の友人とだけ深く緊密な心理的交流をもつような友人関係へと移行していく（下図）。

▶文献　落合良行・佐藤有耕　1996　青年期における友達とのつきあい方の発達的変化　教心研　**44**, 55-65.

ある学級内での友人関係の変化（中学1年生・女子）（大橋ほか, 1982）

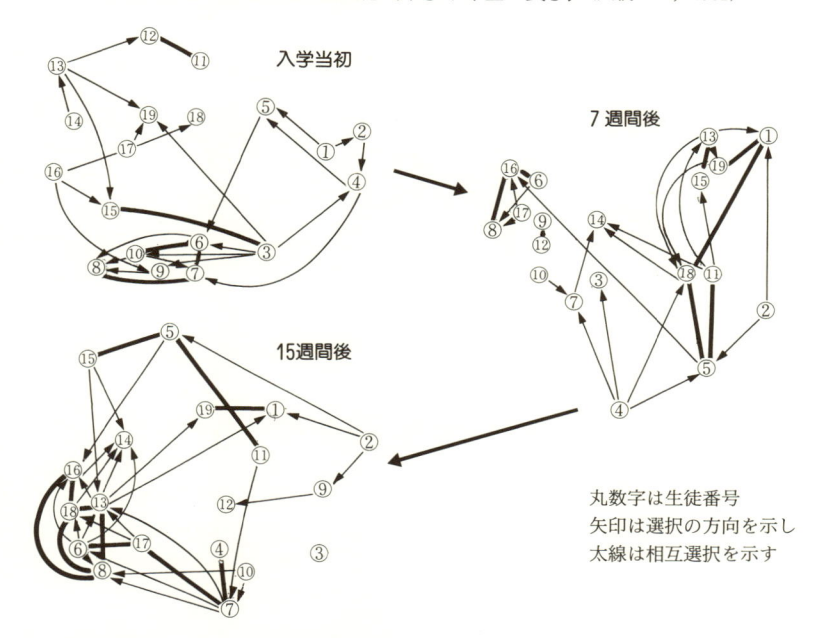

入学当初

7週間後

15週間後

丸数字は生徒番号
矢印は選択の方向を示し
太線は相互選択を示す

クラスの構造を見る ―― 学級集団の形成

　わが国の友人関係のあり方を大きく特徴づけているのは，学級集団の存在であろう。子どもたちは，学校生活の大半を，この等質で固定的な集団の中で過ごしているのである。

　図は，ある学級での友人関係を，**ソシオメトリックテスト**に類似した方法で追跡したものである。小さな集団が形成され，やがてそれらが統合されて，学級全体に緊密なネットワークが広がっていく様子が読み取れる。一方，その中での個々の友人関係は，ダイナミックな変遷を示している。

　友人関係の結びつきが広がり，学級集団としての凝集性が高まるにつれて，学級集団は，それぞれに固有の**学級雰囲気**をもつようになる。もちろんその過程には，担任教師の個性も大きく作用している。

ソシオメトリックテスト：「隣の席に座りたい子・座りたくない子」などの基準で児童に記名を求め，児童相互の選択・排斥関係を分析することにより，学級集団の構造や児童の友人関係を理解しようとする心理テスト

学級雰囲気：学級内の構成員によって形成される，それぞれの学級に特有の雰囲気をいう

▶**文献**　大橋正夫ほか　1982　中学生の対人関係に関する追跡的研究　名古屋大学教育学部紀要(教育心理学科), 12.

同調行動の実験 (Asch, 1951)

図のような場面で，問題の答えを順に発表する。ただし被験者1人の他は全員サクラで，わざとちがう答えを言う。このとき被験者が，どの程度多数意見に沿って判断を変えてしまうかを，同調行動として分析する

仲間・教師・母親に対する同調行動の発達 (藤原, 1976)

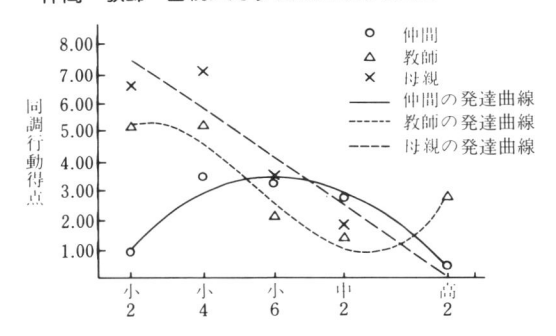

凡例：
- ○ 仲間
- △ 教師
- × 母親
- ── 仲間の発達曲線
- ‒‒‒ 教師の発達曲線
- ‒ ‒ 母親の発達曲線

縦軸：同調行動得点（1.00〜8.00）
横軸：小2, 小4, 小6, 中2, 高2

家族から仲間へ──友人関係と自己の確立

同調行動：個人が集団内において，多数意見や社会的規範によって生ずる社会的圧力の方向へ，行動や意見を変えることをいう

子どもたちが仲間の存在に強く引きつけられ，仲間集団が凝集し緊密になるにつれて，仲間集団は固有の規範や価値観をもち，子どもたちの行動を制御するようになる。子どもたちは，仲間集団の態度や行動を基準として自分の行動を評価し，次の行動を選択する。それまで親の価値観にもとづいて行動してきた子どもたちが，家庭から飛び出し，仲間集団へと準拠枠を移していくのである。

同調行動の研究によれば，教師・母親・仲間（各5人）のそれぞれをサクラにした場合の同調行動を比較してみると，小学校高学年から中学生にかけて，仲間への同調傾向が強まり，母親への同調にとって代わる様子がわかる。

同一性地位ごとに見た「友人関係の未確立」の高さ（井上・佐々木，1992）

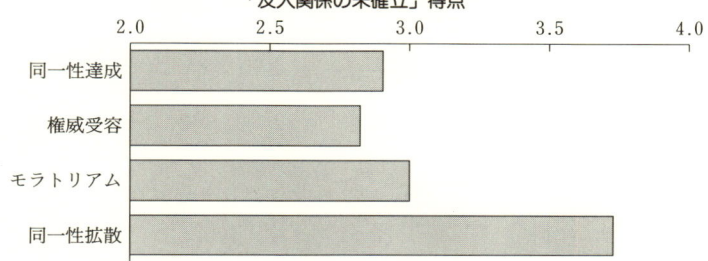

「友人関係の未確立」得点

	2.0	2.5	3.0	3.5	4.0
同一性達成					
権威受容					
モラトリアム					
同一性拡散					

「友人関係の未確立」と関連要因との相関係数（井上・佐々木，1992）

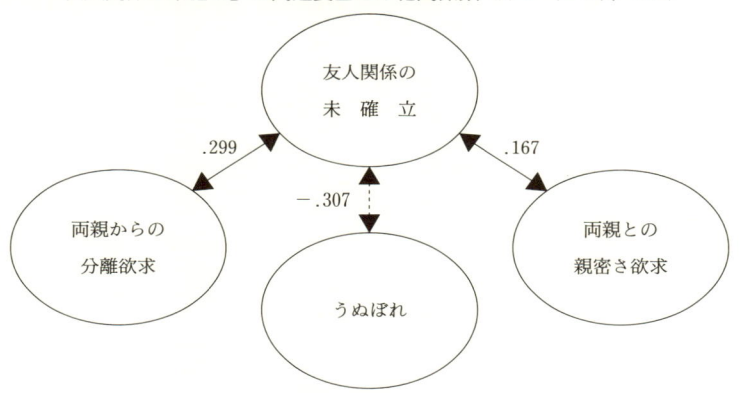

- 友人関係の未確立
- 両親からの分離欲求 .299
- うぬぼれ －.307
- 両親との親密さ欲求 .167

　青年期は**第二の個体化**の時期と呼ばれているが，親に代わる依存と同一化の対象として親からの分離を促し，青年の自我理想の追求を支えているのが友人関係である．両親への心理的依存状態から脱却し，同年代の友人たちと交流を積み重ねる中で，青年は他のだれでもない自分の存在に気づき，自己を確立していくのである．

　自我同一性が確立できていない同一性拡散の状態にある人たちの大きな特徴として，友人関係がうまく形成できていないという問題が見られる．また友人関係の未確立は，自信の低さとともに，親から離れたいが親密でもいたいという矛盾した欲求との関連が高く，親からの分離に対して強い葛藤を抱いていることが推測される．

第二の個体化：乳児は母親に絶対的に依存し，母親と未分化な状態にあるが，青年になると両親から心理的に独立し，個としての自己を確立する．この過程を，幼児期の物理的な自立と対比させて，第二の個体化と呼ぶ

▶文献　井上忠典・佐々木雄二　1992　大学生における自我同一性と分離個体化の関連について　筑波大学心理学研究　**14**, 159-169.

Ⓐ **教師・仲間モデルの判断を聞いた後の子どもたちの道徳的判断**（増田，1982）

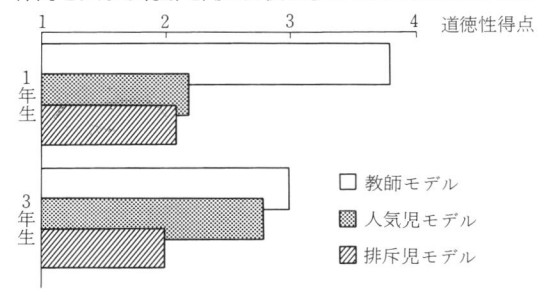

（1年生・3年生について、教師モデル／人気児モデル／排斥児モデルの道徳性得点を示す棒グラフ）

Ⓑ **最初からできる子と，最初はできないががんばってできるようになる子を観察した後の，子どもたちの効力感と学習**（Schunk, Hanson & Cox, 1987）

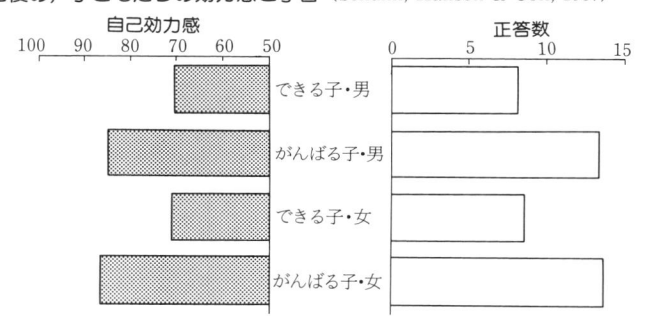

（できる子・男／がんばる子・男／できる子・女／がんばる子・女について、自己効力感と正答数を示す棒グラフ）

友だちを見て育つ ── 模倣と比較

> **モデリング**：他者の行動・態度とそれへの強化を観察することで，直接的な学習経験と同様な学習効果が生じること。観察学習・模倣学習とも呼ばれている

仲間集団は，仲間たちの多様な行動や態度を観察し，模倣する機会を豊富に提供している。たとえば，足の速い友人を持つ児童は，友人の優勝を自分の成功のように感じることができ，また彼自身も友人のすぐれた能力をモデルとして，見習おうとするだろう。

道徳性の高い考え方を，さまざまなモデルが説明するのを聞いた後，児童の道徳的判断を求めると，1年生では教師モデルのみが道徳性を高めることができたが，3年生では，人気児も同様に高い効果を持っていた（→Ⓐ）。しかし，能力の高い児童が常に有効なモデルというわけではない。算数の学業不振児に対して**モデリング**を含めた訓練を行ったところ，最初からできてしまう子よりは，最初はできないががんばってできるようになる子の方が効果的であった（→Ⓑ）。自分に近いモデルの方が模倣しやすいのである。

◎読みの学力レベルを全被験者こみにして分類した場合と，各学級内での相対的学力で分類した場合の，自己概念の差 (Rogers, Smith & Coleman, 1978)

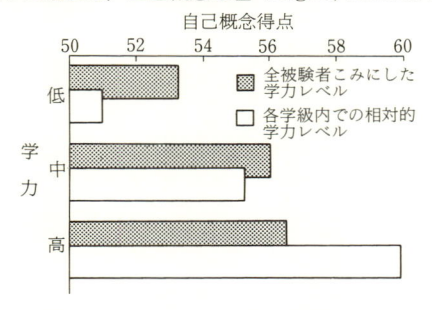

自己概念得点

学力：低／中／高

全被験者こみにした学力レベル
各学級内での相対的学力レベル

◎友だちがテストで自分よりよい点をとった時どう思うか（東京都生活文化局，1983）

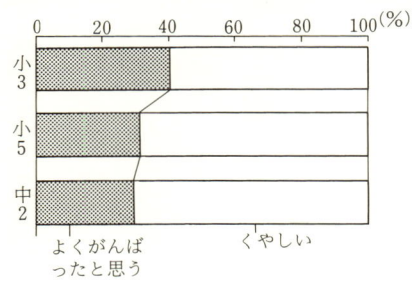

小3／小5／中2

よくがんばったと思う　　くやしい

　仲間集団のもうひとつの重要な機能は，児童に，成績や達成のレベルを評価するための相対的なめやすを提供することである。学業不振児の学力レベルと自己概念の高さとの関連を見てみると，学級内での相対的学力が，大きな自己概念の差をもたらしていることがわかる（→ⓒ）。
　社会的比較は7，8歳すぎから出現し，それ以前では，他者との比較情報にもとづいて自分の達成レベルを評価することはむずかしい。一方，全般に模倣行動は年少児に多く見られる。友人の成功に対する感情反応を見ても，学年を追って，代理的成功感から社会的比較にともなう負の感情へと発達していくのが認められる（→ⓓ）。

社会的比較：自己の行動や能力を評価する場合，客観的で明確な基準がない状況では，他者の行動・能力レベルを基準として，相対的な評価を試みる。これが社会的比較過程である

▶文献　祐宗省三編　1984　観察学習の発達心理　新曜社

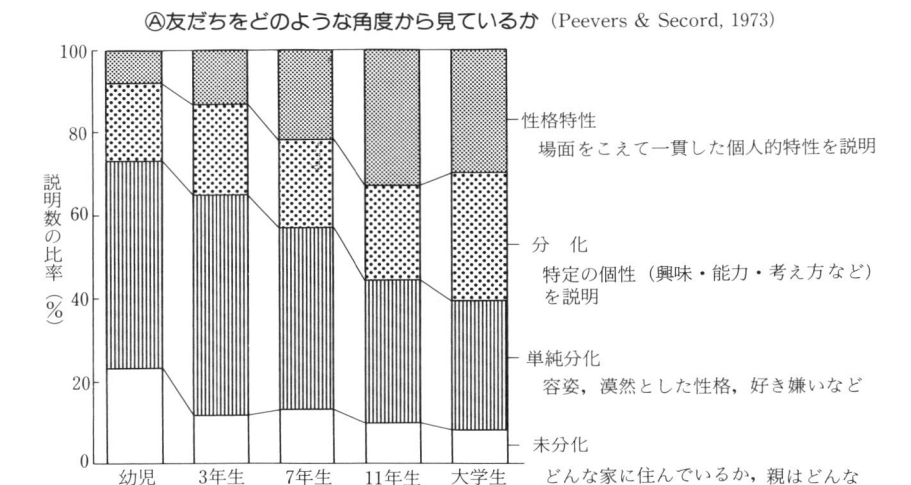

Ⓐ友だちをどのような角度から見ているか (Peevers & Secord, 1973)

性格特性
　場面をこえて一貫した個人的特性を説明

分　化
　特定の個性（興味・能力・考え方など）を説明

単純分化
　容姿，漠然とした性格，好き嫌いなど

未分化
　どんな家に住んでいるか，親はどんな人か，など

（縦軸：説明数の比率(%)　横軸：幼児／3年生／7年生／11年生／大学生）

友だちを見る目の発達

　友人・仲間関係の発達は，子どもたちの認知能力の発達とも密接に関連している。「あなたの友だちはどんな人ですか？」と聞いてみると，年少児は目に見えやすい所有物や外的特徴しか説明できないが，発達とともに，しだいにその人の内面的特徴である能力や性格特性を，適切に表現できるようになる（→Ⓐ）。

　実際年少児は，人の能力や性格が一貫性・持続性のあるものとは思っていないようである。Ⓑは，「○○くんは，弁当を忘れた友だちに，自分のを分けてあげました（正の性格特性）」など，登場人物の能力や性格を示唆するような簡単な物語を聞かせた後，その人が別の場面でどのような行動をすると思うかを予想させた結果であ

ⓑ 物語の内容と一貫した行動を予測した回数 (Rholes & Ruble, 1984)

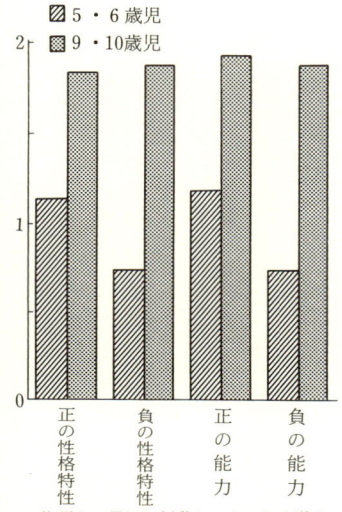

ⓒ 行動の比較→性格特性を中心とした対人認知の発達 (Barenboim, 1981)

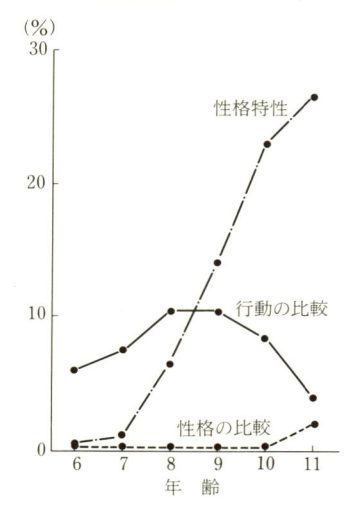

物語と一貫した行動と，まったく逆の行動を提示して，どちらかを選択させたもの（チャンスレベルは1）

る。5,6歳児の予想は，まぐれ当たりの域を出ていない。

ところで，前項で社会的比較の機能について述べたが，他の人の内面的な特徴に気づくようになる過程でも，比較という見方ができるようになることが，重要なステップになっているとの指摘がある。ⓒも，友人に関する説明の内容を発達的にみたものであるが，この研究の特徴は，「比較」という分類を取り入れたことである。単純に行動を記述する段階から，他の人と比較しながら友人の行動の特徴に言及する段階を経て，より内面的な性格特性の認知が可能になり，さらに性格の比較をも試みるようになる，という発達順序がよく示されている。

▶文献　村田光二　1988　対人認知の発達　古畑和孝編　社会的行動の発達　学芸図書

友人とのつきあい方の4類型とその心理的特徴 （上野ほか，1994）
＊有意差の得られた各群の主な特徴をまとめたもの

友人との距離が大きい

表面的交友
- 他者の視線が気になる
- 家庭志向的な生き方
- 周囲との調和を考えて生きる
- 劣等感が強い（男子）
- 退学や家出などがしたい（男子）
- 自分の楽しみを追求する（女子）

個別的交友
- 他者の視線を気にしない
- 社会貢献的な生き方
- 比較的精神的に安定（男子）

友人に同調する　　　　　　　　　　　　　　　　友人に同調しない

密着的交友
- 他者の視線が気になる
- 家庭志向的な生き方
- 金持ちになる（男子）

独立的交友
- 他者の視線を気にしない
- 家庭への適応が低い
- 劣等感が強い（男子）
- 自分の楽しみを追求する（男子）
- 国際社会で活躍する（女子）

友人との距離が小さい

友人関係が希薄になっている？──現代青年の友人関係

　青年期の友人関係に関する最近の調査では，現代の友人関係は以前より良好になってきているという報告が多い。しかし，それは相手を傷つけるほど深く交流するようなつきあい方を避け，表面的なつきあいに終始する場合が多いためではないかとの指摘もある。

　友人との距離のとり方と友人への同調傾向の強さの2次元で，高校生における友人とのつきあい方を4つに分類してみると，心理的には友人と距離をおきながら，集団からはずれまいと同調行動をとる人たち（表面的交友群）は，他者からの評価を気にするとともに，特に男子は劣等感や問題行動念慮が強く，精神的な不安定さが指摘されている。

▶文献　上野行良ほか　1994　青年期の交友関係における同調と心理的距離　教心研　**42**，21-28．

9章　頭がいいってどんなこと
■知能の発達

知能の中味ってどんなもの？
知能は2つの因子に分けられる
ほおっておいても, 子どもは育たない
知能を生み出しているものは？
知能検査はどのようにしてつくられたか
知能指数（IQ）ってなに？
WISC（ウイスク知能検査）の特徴は？

知能の多因子説の説明模型（Thurston, 1941）

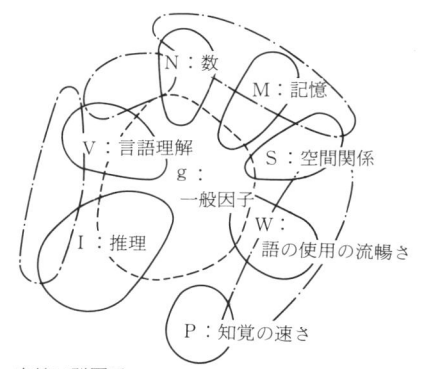

- N：数
- M：記憶
- V：言語理解
- S：空間関係
- g：一般因子
- I：推理
- W：語の使用の流暢さ
- P：知覚の速さ

実線は群因子
点線は二次的一般因子
鎖線は各種検査

知能の階層群因子説の説明模型（Vernon, 1950）

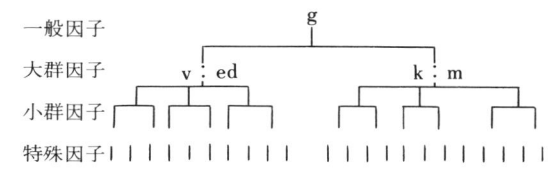

- 一般因子：g
- 大群因子：v:ed、k:m
- 小群因子
- 特殊因子

知能の中味ってどんなもの？

　知能は，次の３つの側面から定義されている。ターマンは，①「知能は，高等な抽象的思考能力である。この抽象的な思考をなしうる程度において，個人は知能的である」といっており，言語や数などの記号を用いた高等な精神作用であり，知覚や機械的な記憶とは区別される。ディアボンは，②「知能は，学習能力または経験によって獲得しうる能力である」といっており，これは，学習能力であり経験によって獲得された知識や学力とは区別される。また，シュテルンは，③「知能は，新しい生活問題および生活条件に対する一般的な心的順応力である」といっており，これは，新しい状況へ

▶文献　東洋ほか編　1970　心理学の基礎知識　有斐閣

知能の構造モデル（Guilford, 1959）
内容——与えられた情報の種類
操作——与えられた情報をどのように扱うか
所産——どの水準まで結果を処理するか

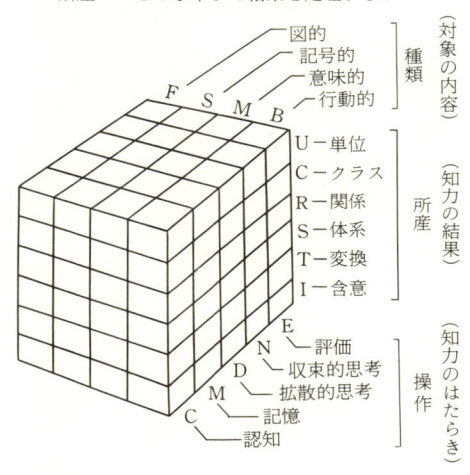

```
         F  S  M  B
         図的
         記号的      種類（対象の内容）
         意味的
         行動的

         U—単位
         C—クラス
         R—関係       所産（知力の結果）
         S—体系
         T—変換
         I—含意

              E— 評価
            N— 収束的思考    操作（知力のはたらき）
          D— 拡散的思考
        M— 記憶
      C— 認知
```

の適応力であって，新しい状況で盲目的にもがく本能的な行動や，すでに数多く経験された習慣的な行動とも区別される。

また，ウエクスラーは，「知能は，個々の能力の単なる総和ではなく全体的なもので，目標に向かう行動としてのみあらわれる」とのべている。スピアマンは，「知能の本質をなすものは，経験の認知・関係の抽出・相関者の抽出という精神のはたらきである」と，のべている。これらは，上記の①〜③の定義を統合化したり，その原理を示したりしている。

さらに，成人に実施した知能検査の結果を**因子分析**を通じて，知能の構造についての仮説をたてたのが，スピアマン（1927），サーストン（1941），バーノン（1950），ギルフォード（1967）らである。

▶**文献** 中島義友ほか監修 1969 教育心理学新辞典 金子書房

因子分析：多数の得点間の相関から，その構造関係の特徴をいくつかの因子によって説明しようとする統計的手法

知能の二因子説の説明模型（Spearman, 1927）

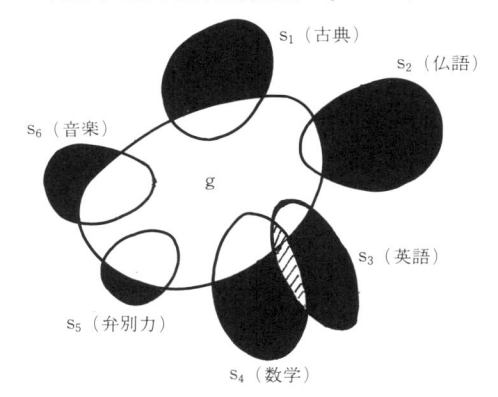

s_1（古典）
s_2（仏語）
s_6（音楽）
g
s_3（英語）
s_5（弁別力）
s_4（数学）

g：一般因子
s（黒色部分）：特殊因子　　斜線部分：群因子
gとsの重複部分：各テストが一般因子を所有している割合

知能は2つの因子に分けられる──知能の二因子説

　二因子説は1904年にスピアマンによって主張された。かれは種々の知的能力を測定する検査間の相関関係を説明する概念として因子という考えを最初に導入したが，かれの主張によれば，知能は，あらゆる知的活動の根底に共通に存在する**一般因子**と，個々の知的活動に特有な**特殊因子**との二因子からなっている。かれは，一般因子は生理学的にも心理学的にも複雑な起源をもち，個人的には遺伝によって決定され，特殊因子は，特殊な学習と経験などの環境の影響によって決定されると考えた。一方，サーストンは多因子説（7つの因子；空間・知覚・数・言語・言語的流暢性・記憶・帰納的推理），ギルフォードは立体モデル（内容・操作・所産の3つの次元）を提示し，知能の因子構造をはっきりさせた。

カマラの食べ方：なめて食べている
（シング，1942）

速く走る時の走り方
（シング，1942）

ほおっておいても，子どもは育たない —— 知能の臨界期

　18世紀の末，パリ郊外の森で1人の野生児（推定年齢12歳）が発見され，その後数年間にわたり医師イタールによってかなり系統的な訓練がなされた。その結果，日常の生活習慣は身につけられたが，言語，それに基づく思考機能，高度な感情機能などは獲得できなかった。自分の要求に応じて自発的に適切な言語表現をすることが不可能で，それ以上の進歩ははばまれ教育は放棄された。イタールのこの報告は，人間の知能の発達には環境の力が大きいことを示すとともに，適切な環境は，ある時期を過ぎて与えられてもその効果は期待できないという，知能の臨界期の問題の重要性を示唆している。
　しかし，動物に育てられたとすることの真偽については，疑問がもたれている．知的障害（先天的）も考えられている。

▶**文献**　シング　1942　中野善達ほか訳　1977　狼に育てられた子　福村出版

知能と学力の関係（Jensen, 1968）

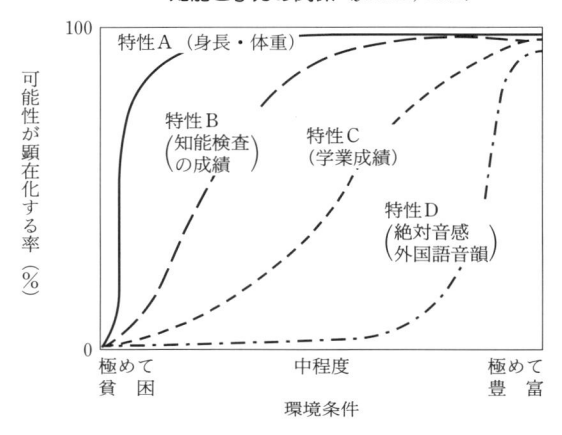

縦軸：可能性が顕在化する率（％）　0〜100

特性A（身長・体重）
特性B（知能検査の成績）
特性C（学業成績）
特性D（絶対音感／外国語音韻）

横軸：環境条件　極めて貧困 — 中程度 — 極めて豊富

知能を生み出しているものは？

　知能を生み出し支え育てる条件として，生理的条件と心理・社会的条件がある。

　(1)　知能の生理的条件――人間の大脳の重さは，生後3年で約3倍になり，生後9年で約4倍になり成人のレベルに達する。大脳の重さは，周囲のさまざまな刺激との相互作用で進行する脳細胞の絡み合いや髄鞘化という神経学的発達から説明されている。大脳の重さは，大脳の発達のひとつの指標であり，これが知能の生理的条件と考えられる。ある程度の遺伝的枠組はあるものの，乳幼児期の神経系の急速な発達に対応した多様な刺激が与えられることによって，神経系はさらに成熟し，知能を支える豊かな生理的条件が形成される。乳幼児期は，こういう意味で知能の臨界期と言える。

　(2)　知能の心理・社会的条件――人間の赤ちゃんは，生理的早産といわれ，いわば未完成で出生する。よって，周囲の環境が，知能の発達にも影響している。知能は，子どもに与えられた刺激や経験をもとにして，かなりの時間をかけて段階的に発達し，その構造も質的に変化してゆく。

▶文献　村田孝次　1977　言語発達の心理学　培風館

遠城寺式・乳幼児分析的発達検査

年齢	移動運動	手の運動	基本的習慣	対人関係	発語	言語理解
4:8	スキップができる	紙飛行機を自分で折る	ひとりで着衣ができる	砂場で二人以上で協力して一つの山を作る	文意の復唱 (2/3)（子供が二人ブランコに乗っています／山の上に大きな月が出はじめた／きのうお母さんと買物に行きました）	左右がわかる
4:4	ブランコに立ちのりしてこぐ	はずむボールをつかむ	信号を見て正しく道路をわたる	ジャンケンで勝負をきめる	四数詞の復唱 (2/3) 5－2－4－9 6－8－3－5 7－3－2－8	数の概念がわかる（5まで）
4:0	片足で数歩とぶ	紙を直線にそって切る	入浴時、ある程度自分で体を洗う	母親にことわって友達の家に遊びに行く	両親の姓名、住所を言う	用途による物の指示(5/5)（本、鉛筆、時計、いす、電燈）
3:8	幅とび（両足をそろえて前にとぶ）	十字をかく	鼻をかむ	友達と順番にものを使う（ブランコなど）	文章の復唱 (2/3)（きれいな花が咲いています／飛行機は空を飛びます／じょうずに歌をうたいます）	数の概念がわかる（3まで）
3:4	でんぐりがえしをする	ボタンをはめる	顔をひとりで洗う	「こうしていい？」と許可を求める	同年齢の子供と会話ができる	高い、低いがわかる
3:0	片足で2～3秒立つ	はさみを使って紙を切る	上着を自分で脱ぐ	ままごとで役を演じることができる	二語文の復唱 (2/3)（小さな人形、赤いふうせん、おいしいお菓子）	赤、青、黄、緑がわかる (4/4)
2:9	(中略)					
0:3	あおむけにして体をおこしたとき頭を保つ	顔にふれたものを取ろうとして手を動かす	顔に布をかけられて不快を示す	人の声がする方に向く	泣かずに声を出す（アー、ウァ、など）	人の声でしずまる
0:2	横ばいで頭をちょっとあげる	手を口に持っていってしゃぶる	満腹になると乳首を口で出したり顔をそむけたりする	人の顔をじいっと見つめる	いろいろな泣き声を出す	
0:1	あおむけでときどき左右に首の向きをかえる	手にふれたものをつかむ	空腹時に抱くと乳の方に顔を向けてほしがる	泣いているとき抱きあげるとしずまる	元気な声で泣く	大きな音に反応する
0:0	移動運動	手の運動	基本的習慣	対人関係	発　語	言語理解

　この知能の発達を支える心理的条件として，子どもが多様な刺激や経験を受容するための心理的安定を母子関係や家族関係から得ていること，多様な刺激や経験が子どもに与えられ，それが続けられていること，子どもの多様な表現にうまく対応する人が周囲にいることなどがあげられる。社会的条件として，地域の産業経済水準・生活水準・文化水準などがあげられ，これらは，学習目標や達成動機に影響を与え，ひいては，知能発達に関係している（発達加速現象）。

▶文献　オレロン　1972　中野善達ほか訳　1983　言語と知的発達　福村出版

ビネー式知能検査の年齢別検査項目 (Binet & Simon, 1906)

年齢	検査項目	年齢	検査項目
3歳	目，耳，口の指示 絵の中の事物の列挙 二数字の反唱 文章の反唱（六音節文） 家の名（姓）を言う	7歳	絵の欠けている部分の指摘 手指の数（10本）を言う 手本の文の模写 三角形と菱形の模写 五数字の反唱 絵の内容の叙述 一三の硬貨の数え方 四種の通貨の名称
4歳	自分の性別を言う 見なれた事物の名を言う 三数字の反唱 二本の直線の比較	8歳	二つの記憶のための読み方 九スウの計算（1スウ3個と2スウ3個で） 四つの色の名 20から0まで逆に数える 記憶から二つの事物の差異をあげる 書き取り
5歳	二つのおもりの比較 正方形の模写 文章の反唱（10音節文） 四つの硬貨の数え方 二片によるはめ絵遊び		
6歳	文章の反唱（16音節文） 二つの顔の美の比較 身近な事物の用途による定義 同時になされた三つの命令の実行 自分の年齢を言う 午前と午後の区別		

知能検査はどのようにしてつくられたか

　知能検査は，人間の知能を科学的，客観的にとらえるために考案された用具であり，結果は規準に照らして数量的に表示される。知能検査の作成過程では，精選されたテスト問題を一定の実験的条件のもとで全国的に実施し，標準化してその結果を精神年齢（MA），知能指数（IQ），知能偏差値などの表示法で示す。

　知能検査は，知能を総括的に考えた場合の一般知能検査と，特殊な知能因子の構造などを診断的に測定する診断知能検査とがある。また，個人別に行う個別式検査と，多人数を一斉に検査する集団式検査とに分類できる。さらに，言語を用いた言語式検査（A式・α式）と，図形や記号などを用いた非言語式検査（B式・β式）とに分類することもできる。

▶**文献**　八木冕監修　1970　知能　東京大学出版会

9章　頭がいいってどんなこと

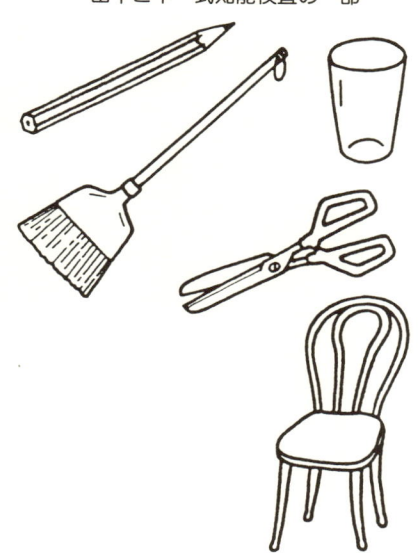

田中ビネー式知能検査の一部

　知能検査の原型は，1905年にフランスのビネーとシモンが，精神遅滞児を鑑別する目的で発表したものである。その後，アメリカで盛んに行われるようになり，第1次世界大戦では，軍人選抜用アーミーテストのα式とβ式が作られ，その後も，スタンフォード・ビネーやウエクスラー・ベルビュー知能尺度などが開発され広く使われるようになった。

　日本でも**ビネー式**（鈴木ビネー 1930年，田中ビネー 1947年，辰見ビネー 1981年），**ウエクスラー式**（WISC 1953年，WAIS 1958年，WPPSI 1969年，WISC－R 1978年，WISC－Ⅲ 1995年）のそれぞれの日本版が標準化され活用されている。これらの個別式知能検査に対して，日本で広く利用されている集団式知能検査には「田中B式知能検査」「京大NX知能検査」などがある。

ビネーの知能観：推理する能力／判断する能力／理解する能力／自己批判の能力／思考の明確な方向づけと維持の能力

▶文献　ビネー・シモン　1906　中野善達ほか訳　1982　知能の発達と評価　福村出版

知能テストの実施風景

知能指数（IQ）ってなに？

IQは，知能検査結果の表示法の1つである。これは，ビネーの考え方である精神年齢をシュテルンが発展させたものである。知能の程度を**精神年齢**と**生活年齢**の比によって表わそうとするもので，次の公式で求められる（ビネー式の知能検査で使用）。

$$知能指数（IQ）=\frac{精神年齢（MA）}{生活年齢（CA）}\times 100$$

したがって，精神年齢が生活年齢と同じであれば，知能指数は100となって標準の知能を示し，100以上のときは知能がすぐれており，100未満のときは標準より劣っていることを意味する。

個人の知能の絶対量は，年々増大するが，生活年齢に対するその相対的量は，比較的恒常である。この知能指数の恒常性は，同一の生育環境であれば先天的規定の強さを示すとともに，個人の将来の予診をある程度可能にするものである。

生活年齢（CA）
：誕生後の実年齢。社会生活をどれくらいしているか，という意味でこう呼ぶ

▶文献　続有恒　1979　知能と知能検査　住広介ほか監修　知能と創造性　金子書房

IQの分布 (Terman & Merrill, 1937)

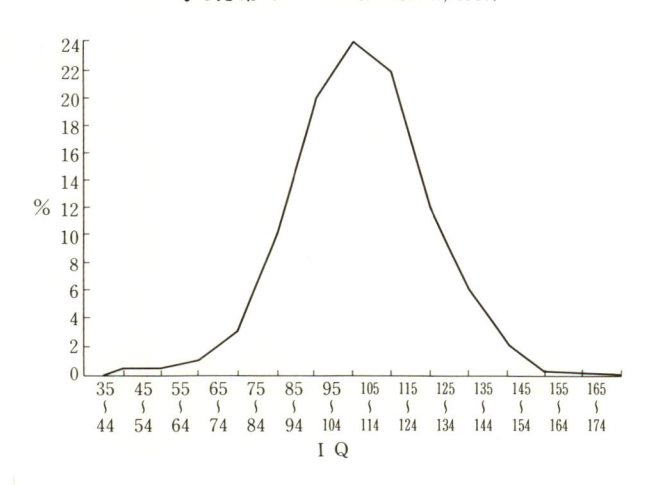

　知能指数は，知能点が生活年齢とともに直線的に上昇するという仮定の上に立っている。しかし，生活年齢が上になるにつれ，その発達は緩慢になって，知能指数の値が小さくなる傾向がある。そのため，この欠点を補う意味で知能偏差値・偏差知能指数が改訂スタンフォード・ビネーやWISCなどでは用いられている。

　精神年齢（MA）の算出法には2つある。1つは年齢尺度で，1905年のビネーの知能検査に初めて用いられた。これは，各年齢級に一定数の問題を割り当てておき，8歳級の問題まで通過すれば，MA8歳というようにするやり方である。他は，ヤーキースによって考案された点数尺度で，個人の知能点が8歳6カ月の平均点に等しければ，MA8歳6カ月というようにするやり方がある。

精神年齢（MA）：知能年齢ともいう。知能検査結果の表示法の1つで，生活年齢のいかんにかかわらず，知能が何歳なみの発達をしているかを示す。それゆえ，知能発達の程度をだれにもわかりやすく示すという特色がある。知能指数（IQ）は，これをもとにして算出される

▶文献　倉石精一　1973　臨床心理学実習　誠信書房

WISC−R 知能検査記録用紙

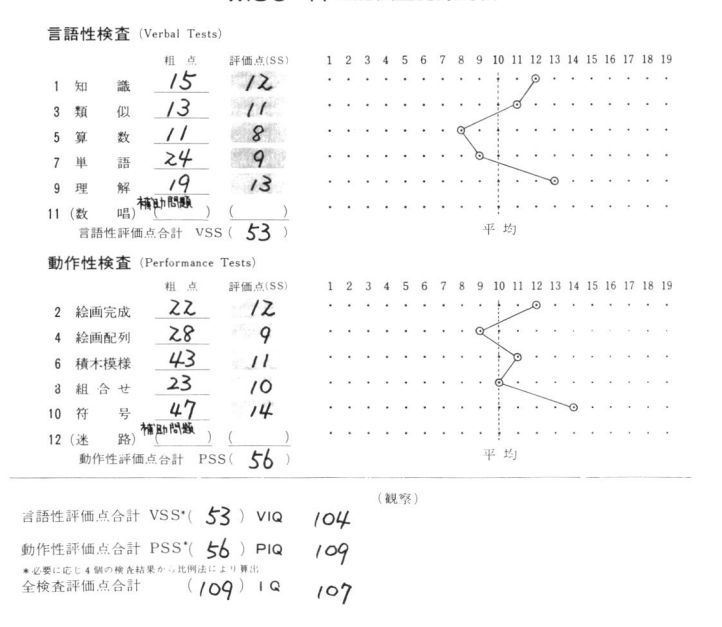

言語性検査 (Verbal Tests)

	粗点	評価点(SS)
1 知識	15	12
3 類似	13	11
5 算数	11	8
7 単語	24	9
9 理解	19	13
11 (数唱) 補助問題	( )	( )
言語性評価点合計 VSS	(53)	

動作性検査 (Performance Tests)

	粗点	評価点(SS)
2 絵画完成	22	12
4 絵画配列	28	9
6 積木模様	43	11
8 組合せ	23	10
10 符号	47	14
12 (迷路) 補助問題	( )	( )
動作性評価点合計 PSS	(56)	

(観察)

言語性評価点合計 VSS*(53) VIQ 104
動作性評価点合計 PSS*(56) PIQ 109
＊必要に応じ4個の検査結果から比例法により算出
全検査評価点合計 (109) IQ 107

WISC（ウイスク知能検査）の特徴は？

　ウエクスラーは，対象者ごとに WAIS（16歳以上，1955年），WISC（5〜15歳，1949年），WPPSI（4〜7歳，1967年）の3種*の知能検査を開発している。

　この中で，WISC は，ウエクスラーの新しい知能観によって開発された知能検査で，子どもの知能の高低だけでなく，知能構造および学習構造を診断的に測定しようとしたものである。

　その特徴は，認知的要因（学習能力，推理力など）に情緒的要因（意欲や集中力など）を加味したことと，言語反応を伴う言語性検査と動作（操作）を伴う動作性検査から成り立っていること，さらに，偏差知能指数を導入したことなどである。

　WISC は，言語性検査（6下位検査項目）・動作性検査（6下位検査項目）の下位検査項目ごとにそのプロフィールを示すとともに，

▶文献　ウエクスラー　1974　児玉省ほか訳　1978　日本版WISC-R知能検査法　日本文化科学社

WISC-III

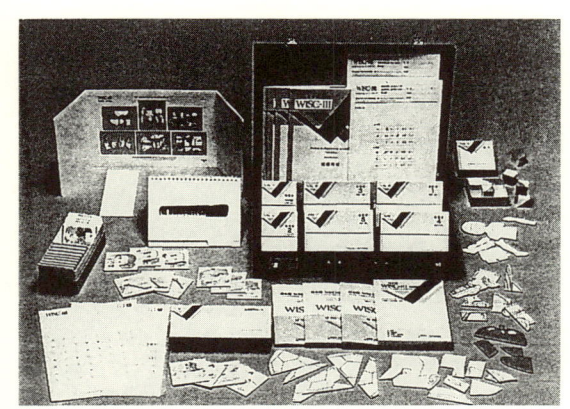

発行：日本文化科学社

知能の段階

田中寛一			ウエクスラー	
知能指数	知能偏差数	出現率(%)	WISC・IQ	出現率(%)
141 以上	75以上	1	130 以上	2
125～140	65～74	6	120～129	7
109～124	55～64	24	110～119	16
93～108	45～54	38	90～109	50
77～92	35～44	24	80～89	16
61～76	25～34	6	70～79	7
60 以下	24以下	1	69 以下	2

　言語性IQ，動作性IQ，全検査IQの3種のIQが算出できるようになっている。よって，言語性・動作性のそれぞれの下位検査項目間の比較もできるし，言語性・動作性・全検査の総合的評価もできる。これは，ウエクスラーの「知能とは，個人が目的的に行動し，合理的に思考し，環境を効果的に処理する総合的または全体的能力である」という知能観の反映と言える。つまり，知能は，人格の行動全体と関連しつつ，中心に合理的思考が機能しているものと，ウエクスラーは考えている。

　WISCの検査の反応過程には，次頁のような事項が含まれていると考えられる。

▶文献　グラッサーほか　1970　宮本茂雄訳　1978　WISCの臨床的解釈　日本文化科学社

言語性・動作性検査の反応過程

【反応過程】
言語性検査
①[知識]　◆聴覚－言語理解－言語記憶－言語反応
　〈習得知識,教科学習,読書,家庭の文化度,興味〉
③[類似]　◆聴覚－言語理解－類概念－言語反応
　〈言語概念化,論理的な抽象思考(範疇的思考)〉
⑤[算数]　◆聴覚－数の理解－数の操作－言語反応
　〈転動性からの解放(集中力),習得知識,教科学習〉
⑦[単語]　◆聴覚－単語理解－対象の特性抽出－言語反応
　〈言語概念化,習得知識,教科学習,読書〉
⑨[理解]　◆聴覚－文章理解－状況判断能力－言語反応
　〈言語概念化,常識,因果関係,道徳的感覚〉
⑪[数唱]　◆聴覚－数の記憶－継時総合能力－言語反応
　〈転動性からの解放(集中力),精神的敏捷性〉

【反応過程】
動作性検査
②[絵画完成]　◆視覚－対象物の理解－対象物の記憶－運動反応
　〈知覚的体制化,空間認知,右脳による情報処理,時間制限〉
④[絵画配列]　◆視覚－場面の認知－文脈の構成－運動反応
　〈統合的脳機能,計画力,社会的判断,系列化,時間制限〉
⑥[積木模様]　◆視覚－分割の能力－統合の能力－運動反応
　〈統合的脳機能,空間の視覚化,時間制限〉
⑧[組合せ]　◆視覚－対象物の記憶－同時総合能力－運動反応
　〈右脳情報処理,部分間の関係の予測,時間制限〉
⑩[符号]　◆視覚－対連合－弁別記憶－運動反応
　〈統合的脳機能,モデルの再構成,時間制限〉
⑫[迷路]　◆視覚－場面の認知－洞察力－運動反応
　〈統合的脳機能,推理力,時間制限〉

　つまり，言語性検査では，聴覚－言語反応が求められ，動作性検査では，視覚－運動反応が求められている。このように言語性・動作性検査を構成することにより，大脳生理の機能面や心理・社会的能力など全般的に測定している。

　よって，結果の分析は，まず，(1)VIQ（言語性知能指数）とPIQ（動作性知能指数）の差に着目する。この2つのIQの差は，異なる刺激を処理する学習能力や能力の相違を示している。特に2つのIQの差が，15以上ある場合には，その原因と特色について考えてみる必要がある。次に，言語性検査と動作性検査の中で下位検査間に著しい差がある時は，各下位検査をひとつひとつ検討することで，学習障害の診断・評価に役立つ。たとえば，「数唱，積木模様，符号」が低得点の時は，大脳生理上の機能面の検査を必要とする場合もある。

　知能を知能検査から得られたものと解釈すれば，知能は，遺伝的・先天的能力に環境の中での学習量の総和と言えるし，視覚－運動・聴覚－言語の能力，問題解決への意欲などの総合的能力と言える。

　また，知能検査の実施においては，検査者と検査を受ける人との信頼関係が成立していること，視覚障害，聴覚障害，肢体不自由などを考慮することが必要である。

10章　音が意味をもつ
■言語能力の発達

音声が意味をもつまでに
いかに子が伝え母が理解するか
コミュニケーションの発達
ことばの指示対象を決定する原理
ことばそのものを意識する
どんな文字をどれだけ読めるか
読みの発達を「目」でみる

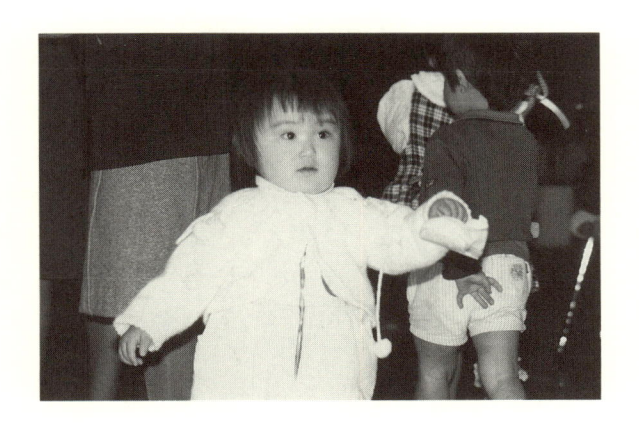

Ⓐ 音声が意味をもつまで (村井, 1986)

```
          未 構 造 化 期
           ↓         ↓
    音声的類似    対象への動作的シェマ
       ↓            ↓
    喃 語 化      動作的模倣
   (音声類似の否定)  (音声的要因の参加)
       ↓            ↓
   模倣音の発達    音声の代置
  (対象と発声の結合)  (動作の象徴)
   の分離を含む
       ↓  ←  対象と音声の結合
              (対象の情緒的象徴)
              ↓
           対象と音声の結合
           (対象の客観的象徴)
              ↓
      音声と対象の1対1対応
       (動作)(音声類似の否定)
        象徴音（動作の有用化）
              ↓
         訓練音声の喃語化
         （1対1対応の否定）
              ↓
       訓練音声と対象の1対1対応
          （やや動作的）
          （象徴音の有用化）
              ↓
         対 象 表 示 語 の 形 成
```

音声が意味をもつまでに

音声が意味をもつためには，能記（指すもの）としての音声と，所記（指されるもの）としての対象または対象のイメージ・概念との結合が必要である（→Ⓐ）。

音声の発達では，それが社会的に承認される音声的に一貫した形であることが大切となる（調音能力の発達）（→Ⓑ）。もちろん，ことばは「象徴的」記号の一種であり，音声（音形）とその指示対象との関係は，「煙」と「火事」とのように，「有縁的」なものであってはならない。

喃語：生後，6カ月位の間に現れる，アーアーとかバーバーという発声音で，バブリングともいう

▶**文献** 村井潤一 1986 言語機能の形成と発達 風間書房

10章　音が意味をもつ　123

⑤正しく発声できる年齢（調音能力の発達）（中島，1984）

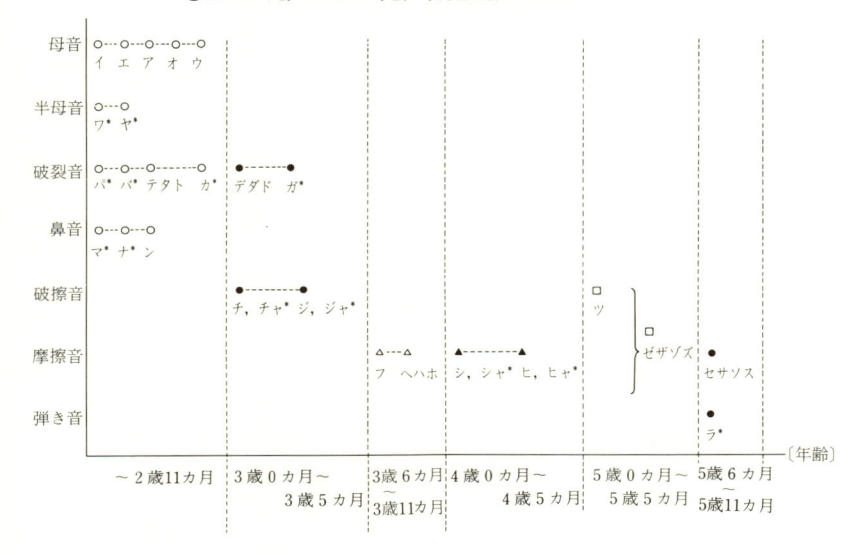

音種	～2歳11ヵ月	3歳0ヵ月～3歳5ヵ月	3歳6ヵ月～3歳11ヵ月	4歳0ヵ月～4歳5ヵ月	5歳0ヵ月～5歳5ヵ月	5歳6ヵ月～5歳11ヵ月
母音	イ エ ア オ ウ					
半母音	ワ・ヤ・					
破裂音	パ・バ・テ タト カ・	デ ダ ド ガ・				
鼻音	マ・ナ・ン					
破擦音		チ, チャ・ ジ, ジャ・			ツ	
摩擦音			フ ヘ ハ ホ	シ, シャ・ ヒ, ヒャ・	ゼ ザ ゾ ズ	セ サ ソ ス
弾き音						ラ・

〔年齢〕

　喃語には，世界中のあらゆる音声が含まれていると言われる。日本語の「音韻」を習得するためには，母親等の母国語話者による選択・強化の過程が，一般化して言うなら，音声による「母―子」の相互作用が決め手となる。

　所記は，対象の**感覚運動的図式（シェマ）**に始まる。ある対象への動作的な働きかけ方，その働きかけに応じて引き出される物の特徴，その特徴にかかわって幼児に入力される感覚・知覚的刺激が，その対象の図式を形成する。

　表象（機能）の発達によって，物の特徴等が，感覚的イメージとして，さらには概念としてその能記と結合する。しかし，感覚，動作，感覚的イメージが消失してしまうわけではない。これらは，概念を背後にあって支え，必要に応じて顔を出す。

　中島は，ことばの発達を，言語系（音声），情意系（母―子関係），そして動作系（認知・身体運動）の相互関係として，とらえている。

▶**文献**　中島誠　1984　言語行動　発達Ⅱ（現代基礎心理学10）　東京大学出版会

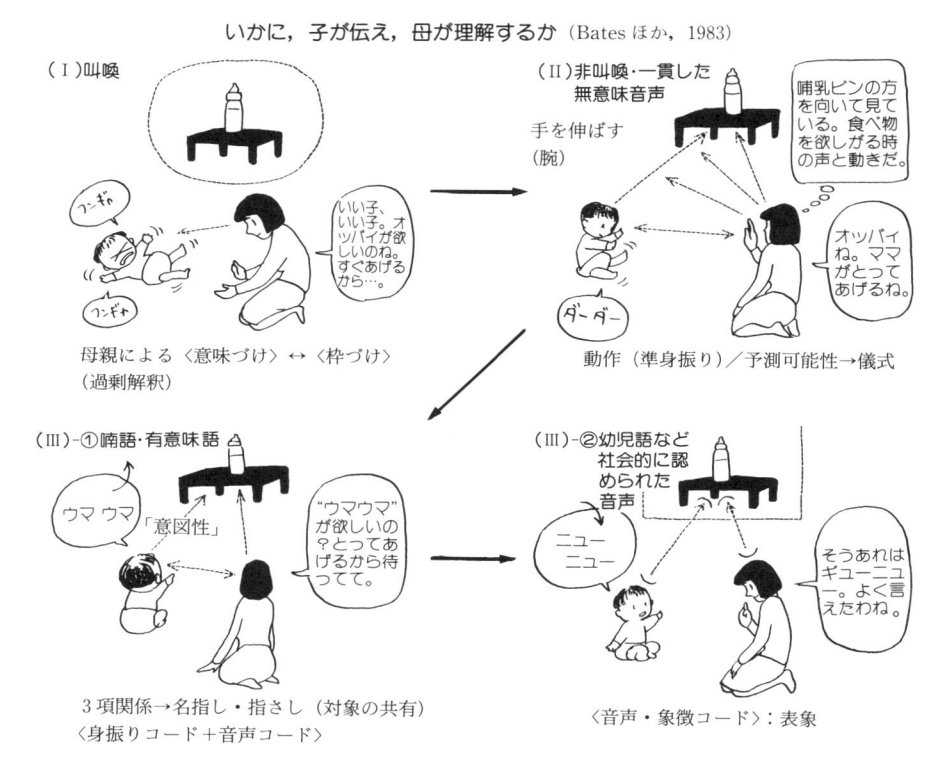

いかに，子が伝え，母が理解するか (Batesほか, 1983)

(Ⅰ) 叫喚

母親による〈意味づけ〉↔〈枠づけ〉
（過剰解釈）

(Ⅱ) 非叫喚・一貫した無意味音声

動作（準身振り）／予測可能性→儀式

(Ⅲ)-① 喃語・有意味語

3項関係→名指し・指さし（対象の共有）
〈身振りコード＋音声コード〉

(Ⅲ)-② 幼児語など社会的に認められた音声

〈音声・象徴コード〉：表象

いかに子が伝え母が理解するか

　図は，「母－子」のコミュニケーションの発達過程を，伝達手段に焦点をおいて描いたものである。その発達過程は大きく，①動作・行為・表情といった非言語行動による段階，②「動作（身振り）＋音声」結合を使用する段階，③主として「音声」により，身振りはオプションとなる段階，という3つの段階に分けられる。

　カーターは，身振り，音声，目的（機能）の異なる8つの図式を発見しており，さらにそれぞれの発達過程を追跡的に明らかにしている。そうした「図式」の中の一例をあげると「物を要求する図式」がある。身振りは「物に手を伸ばす」動作であり，音声としては，「m」を語頭におく音声が用いられ，機能的には，物を手にする助けを母親に求めるものである。

コミュニケーションの中でのことばの発達

（生物・生得的特性）→ 選択的調整 ＝ 社会的前適応 →（社会・文化的特性）〈対話性〉

母親：枠づけ・意味づけ ↓
《言語習得援助システム》
《相互調整するシステム》

乳児：注意・意図・活動

原初的コミュニケーション（7カ月〜）喃 語 ← 前言語的コミュニケーション（9カ月〜）〈原始語〉 ← 言語的コミュニケーション（13カ月〜）〈初 語〉 ← コミュニケーション（20カ月〜）〈多語文〉 ← 構文・会話

コミュニケーションの発達

ことばの発達を主に「母ー子」のコミュニケーションの発達の中でみていくことが大切である。コミュニケーションの過程を各種の特徴からみて3つの段階に区分した。それが「原初的コミュニケーション」，「前言語的コミュニケーション」，そして「言語的コミュニケーション」の3つの段階である。

原初的コミュニケーションの段階（鯨岡，1997）は最近注目されている段階である。母子の分離がなされる以前の一体化された母子関係を特徴づける「癒合」「共鳴」「共振」(synchrony)「リズムの共有」「注意の共有」といった概念によって説明されている。姿勢や表情，コンタクトなどがその主たる媒体となっている。

前言語的コミュニケーションの段階は行為（活動）から出発した身振りや視線（の共有・調整），クーイング（発声）などを媒体とした母子の対人的関係と，続いて「物」についての乳児の興味が顕在化される時期である。後期にはこれら2つの過程が統合され，「母親ー〈物〉ー乳児」という3項関係が完成する。この3項関係によって「物」という話題についての母子のことばの発達と対話（特に，ターン・テイキング）が促進される。

ここでは初語をもってことばを主たる媒体とした**言語的コミュニケーションの段階**を認定している。ことばはコンテクスト・フリーの社会慣習的なものとなり，その通用範囲も広くなる。その後，ことばはよく知られた1語文，連鎖的1語文発話，多語文といった過程を経て成長を遂げていく。また，自己のことばを監視・調整するメタ言語的能力も大切である。

原始語：初語と喃語の中間期に発せられる語で，母子のペアに特異的で，コンテクストに依存していることに特徴がある。代表的なものとしてHallidayの「原型言語」(proto-language) がある

初語：社会慣習的でもちろん象徴的な語である。生後10カ月頃から始まるがここでは安定使用を意識して13カ月としておいた。喃語とは異なり，母国語の音韻が限定使用される

枠づけ・意味づけ：母子関係の中で母親が行っていることを特徴づける概念である。前者は母子の「やりとり」を，後者は乳幼児の行動や発声を母親が主導することを示す概念である

相互調整するシステム：母子関係の中で，母親は子どもに，子どもは母親に自己のコミュニケーションの仕方を相互適応させる。ただし長期間でみるならば，イニシアティブは変化する

言語習得援助システム（LAS S）：Brunerの概念である。特に母親が子どもの言語の習得を支え・推進するやり方を指す。母親語（マザリーズ）の使用などが典型である

子どもは母親のことばの対象をどのようにして決定するのか？
―「制約（原理）仮説」にもとづく説明

※ word learning（母親の名指し対象をどのように同定するのか）に関するアプローチ
The Constraints approach vs The Social-pragmatic approach (Tomasello, 1997)
word-referent learning については「制約（原理）仮説」と「社会・語用論的仮説」があるが、ここでは「制約説」について概説する。
疑問：子ども；（お母さんの"tri:"という発声は何を指しているのだろう？）

ことばの指示対象を決定する原理

子どもは生得的な仮説（原理）を携えて母親のことばの指示対象を同定する課題に挑む。これが「制約仮説」である。

1つの物に2つの名前はないという「相互排他性原理」にもとづき、子どもは母親の"tri:"という発声を自分が知らない物の名前であると見なす。すでに知っている物に別の名前をつけることはないからである。

「事物全体性原理」により子どもはその名前が指示対象の性質を指すものではなく、1つの知覚的にまとまった物（個別）を示すものとして理解する。

さらに「分類学的カテゴリー原理」にもとづき、その名前を特定の個物（固有名詞）を示すものではなく、類を表すカテゴリー名（普通名詞）として受け取る。カテゴリー名として受け取られた名前は類似のものであるならばサイズが違ってもいつどこにあっても適用することができるものとなる。

もちろん、こうした原理とともに知覚的ゲシュタルト（意味のある知覚的なまとまり）を生成したり、母親と注意の対象を共有する能力も必要である。

（針生（1997）の他に「認知科学」第4巻の諸論文を参考）。

2歳児：既知の物の場合は「固有名詞」、未知の物の場合には「普通名詞」として理解する

3歳児：新奇なことば（発声）は物質や属性ではなく「物体」のラベルとして理解する（事物全体原理）。「形状類似性」にもとづいた般化を行う

4・5歳児：「分類学的カテゴリー」にもとづいて般化を行う。4、5歳児は名詞に対してパラディグマティックな連想が増加する。語彙の（経験的な隣接関係ではなく）意味差異体系（ことばの意味空間）が生成する時期である

10章 音が意味をもつ　127

(Braunwald, 1978 より作図)

Ⓐ 知覚をもとにした認知的統合図式

ワン-ワン？
吠える声？車のエンジン？鳥のなく声？頭上の飛行機？外の雑音？

ワン-ワン＝？
犬？くるま？

ワン-ワン＝犬，吠える

Ⓑ-1　語（音声）と実在の指示対象との対応づけ

木
木
き（木）

ローラ：1歳0カ月

その時ローラは植物園の木の樹皮にさわっていた。

ローラ：き（木）

母親について，木を離れる。

母親：お母さんを木のところにつれてって。

ローラは母親を身近な木のある所へつれていく。

Ⓑ-2　意味の拡張

き（木）

ローラは自分のくつのかかとを"き(木)"と呼ぶ。かかとは硬く，木に似ていた。"き(木)"は，1歳0カ月～4カ月までくつを指すものとなった。

　図は，クラークの理論を背景に，日常生活の母－子関係の中での語の意味の獲得を説明したものである。
　Ⓐは，〔犬の視知覚＋犬の吠える声（聴覚刺激）〕という知覚刺激が，"ワンワン"ということばの所記（意味されるもの）として結合し，"ワンワン"の認知的図式として統一される過程を示している。さらに，Ⓑは「食い違い」にもとづく「意味拡張」を解説したものである。

メタ言語的課題の年齢別通過率（Saywitz & Wilkinson, 1982）

グループ　A：2歳5カ月～4歳5カ月　　B：4歳6カ月～6歳5カ月　　C：6歳6カ月～8歳11カ月

課題 #1：音声の類似に気づく　　　　#4：単語に分解（意識化）
　　 #2：意味的な異常に気づく　　　#5：音節に分解（意識化）
　　 #6：音素に分解（意識化）　　　#3：語彙上の曖昧さに気づく
　　 #7：語順の間違いに気づく　　　#10：音声の象徴性の自覚
　　 #8：形態素の脱落に気づく　　　#11：意味と指示対象の関係

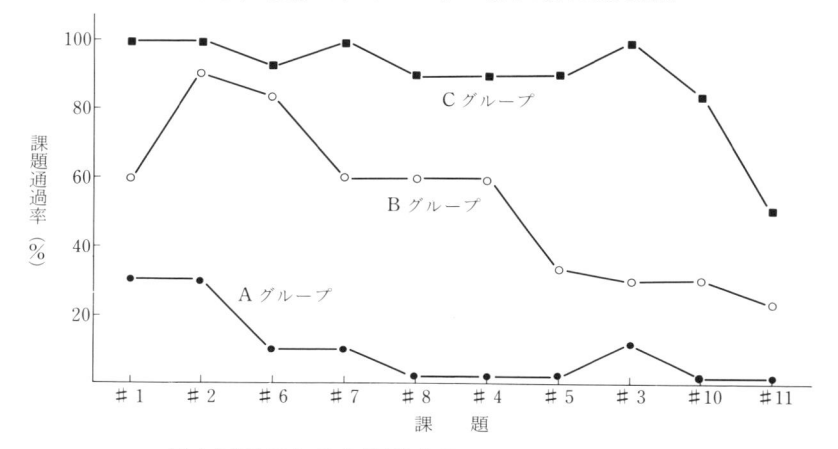

ことばそのものを意識する

透明性：使用者の意識や注意がことばの「内容」やその指示する物・事に向きやすく、ことばそれ自体には注意が向きにくいことを表す概念である

メタ言語の遊び：「しりとり遊び」「反対ことば」「人の言ったことばを真似する遊び」などがある

　ことばを使用する（話す，聞く）場合の特徴の1つに「**透明性**」がある。ことばの発達には，自分が伝えようとする内容と意図とを正確に表現する能力（通常の言語能力）に加え，さらに自分の発する発話と相手の発話の形式面に注意を払い，それをモニター・コントロールする能力（メタ言語的能力）とが必要である。「透明性」をメタ言語的能力によって克服しなければ，ことばの発達は十分なものとはならない。

　メタ言語的能力を具体的にあげると，自分の発話を自発的にモニター・修正する能力，発話を相手の能力や年齢に合わせる能力，聞き手が発話の内容を正しく理解したかどうかを判断する能力，新しく獲得した音声や表現を練習する能力，ジョークやなぞなぞを作り出す能力，自分のことばについてコメントする能力などがある（この点については，クラーク，1978を参照）。

　図には各種のメタ言語的課題の通過率が年齢別に描いてある。

文字がどれだけ読めるか（国立国語研究所，1972より作図）

拗音の例：「ちゃ」，「やくしょ」　　　拗音の一部と長音，拗長音，促音では，
長音の例：「おかあさん」，「おおかみ」　実質上単語レベルの読みが必要と判断される。
拗長音の例：「きゃあ」，「やきゅう」
促音の例：「きって」，「せっけん」

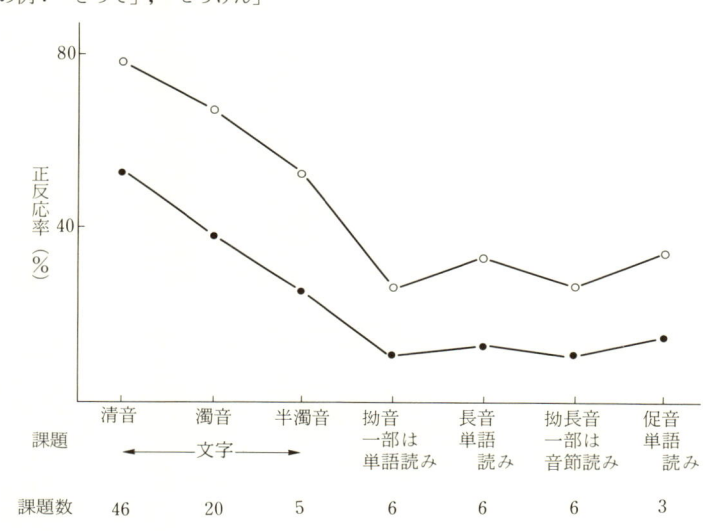

課題	清音	濁音	半濁音	拗音一部は単語読み	長音単語読み	拗長音一部は音節読み	促音単語読み
課題数	46	20	5	6	6	6	3

（縦軸：正反応率（%））

どんな文字をどれだけ読めるか

　図は日本語で使用される文字（音）の読みについて，年齢別に正反応をプロットしたものである。「拗音」「長音」「拗長音」「促音」については「文字読み」の水準を越えた材料が使用されている点や該当する文字数が少ないことから，「清音」等と直接比較することが意味をもつかどうか問題が残る。

　「清音」「濁音」「半濁音」をあわせた71文字中60文字以上読める幼児は，4歳児で33.1％，5歳児で63.2％である。

　国立国語研究所では，こうした読み（と書き）について，地域による差，性差，保育年数による差なども合わせて検討している。

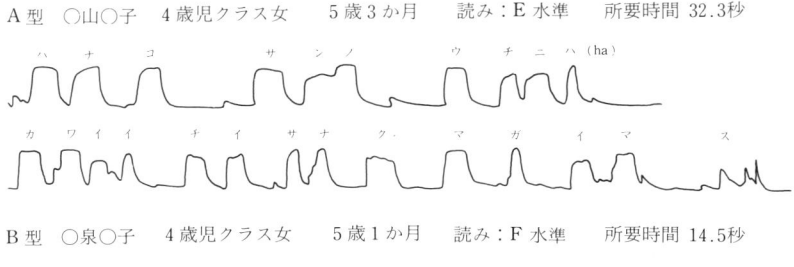

読みの音声のオシログラフによる分析（国立国語研究所，1972）

A型　○山○子　4歳児クラス女　5歳3か月　読み：E水準　所要時間 32.3秒

ハナ　　コ　　　サン　ノ　　　ウ　チ　ニ　ハ（ha）

カ　ワイイ　　チイ　サナ　ク　　マ　ガ　イ　マ　ス

B型　○泉○子　4歳児クラス女　5歳1か月　読み：F水準　所要時間 14.5秒

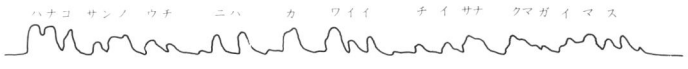

ハナコ サンノ ウチ　ニハ　　カ　ワイイ　　チイサナ　クマガイマス

C型　○尾○賀　5歳児クラス女　6歳1か月　読み：G水準　所要時間 12.8秒

ハナ　サンノ ウチ　　ウ ハナ コサンノ ウチニワ　カワイイチイサナクマガ イマス

D′型　○塚○子　5歳児クラス女
　　　5歳8か月　読み：G水準　　所要時間 5.0秒

ハナコサンノ ウチ ニワ　カワイイ チイサナ クマガイマス

```
40db
28
20
12
0
```
0　　1　　2　秒

（注）文末の最後の音はストップウオッチの音

読みの発達を「目」でみる

　「読み」の特徴やその理解の発達を調べることは，大変困難を伴う。しかし，図に示したように，テープ・レコーダーに記録した読みの音声をオシログラフにかけると，視覚的に理解できる。

　読みの発達は，文字の読みから，拾い読み，単語（文節）読み，そして文読みへと発達していく。図のA型は，拾い読みの型を示す。その特徴は，1文字1文字がはっきりと区切られている点にある。B型では，幼児の知っている単語又は2〜3の音節がまとめて読まれていることを示す。C型は，かなりの単語がまとめて読まれているが，まだ拾い読みが残っている読み方である。D型とD′型とは，成人の読みの型に近いが，前者が単語と単語の間に「間」をおくのに対して，後者では，単語をまとめて読み，意味上での区切りにそって「間」をおくという違いがある。図にはD′型のみを示した。

▶文献　国立国語研究所編　1972　幼児の読み書き能力　東京書籍

11章　エネルギーのもとはなに
■動機づけの発達

おなかがすいたなぁ
自分はできる／
見たい／　聞きたい／　知りたい／
やる気と学級の雰囲気
目標に向かって／
はじめから乱暴な子どもはいない
思いやりも時によりけり

空腹感と胃の収縮（Cannon, 1934；Whittaker, 1966より引用）

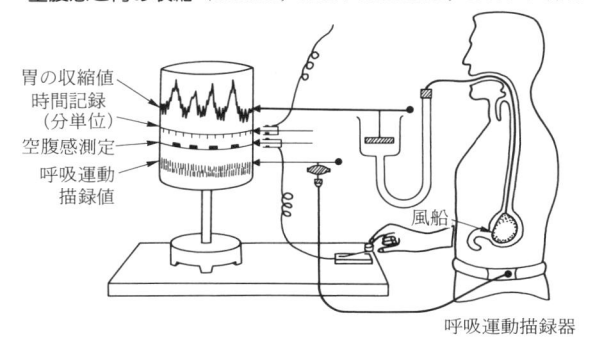

胃の収縮値時間記録（分単位）
空腹感測定
呼吸運動描録値
風船
呼吸運動描録器

視床下部に損傷を受け肥満化したラット（Teitelbaum, 1961；Morganほか, 1979より引用）

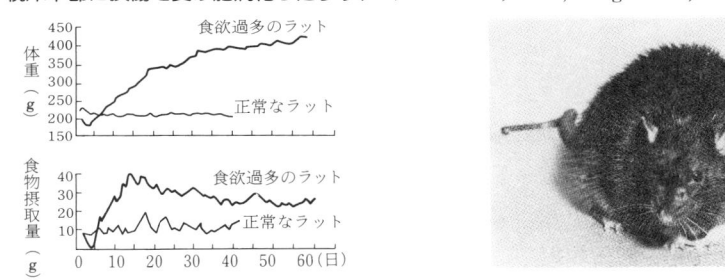

おなかがすいたなぁ —— 生理的欲求

視床下部：間脳の底部にある領域で，自律神経の中枢であり，全身の内分泌機能をつかさどる重要な器官である

身体の維持，および生物としての存続にかかわる欲求は，人間だけではなく人間と本質的に同じ高等な身体組織をもつ生体が共有するものである。飢餓，渇き，呼吸，排泄，睡眠などがこれに含まれる。

上図は，飢餓欲求の研究を示すものである。飲み込ませた風船を胃の中で膨らませ，胃の収縮を測定した結果，空腹感が胃の収縮と対応していたというものである。しかし，胃を切除した患者にも空腹感が見出されたことから，現在では空腹感は**視床下部**またはその周辺にある空腹と摂食の働きであることが明らかにされている。下図は，満腹中枢を破壊したラットであるが，摂食行動に異常が現れ肥満度が高くなっている。

▶**文献** 篠田彰 1976 人間の欲求の発現形態 吉田・祐宗編 動機づけ・情緒（心理学3） 有斐閣

有能感（自信）の構造モデル（桜井，1989）

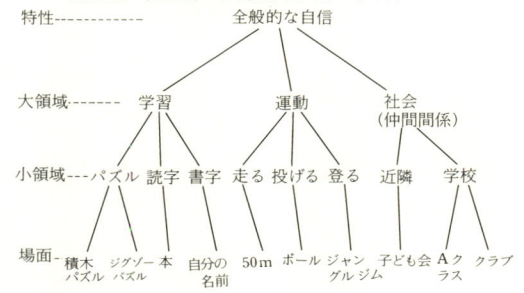

```
特性--------    全般的な自信
                 ／  |  ＼
大領域------  学習  運動  社会
                            (仲間関係)
              ／|＼  ／|＼  ／＼
小領域---パズル 読字 書字 走る 投げる 登る  近隣 学校
        ／|   |   |    |   |    |         ／＼
場面- 積木 ジグゾー 本 自分の 50m ボール ジャン 子ども会 A ク クラブ
     パズル パズル   名前       グル ジム         ラス
```

有能感を測定するスケール（Harterほか，1984）
図の下の円の大きさは，有能感の大きさを示す。

自分はできる！── 有能感の発達

「自分には能力があるんだ！」といった，自分に対する肯定的な評価からくる感情を，心理学では有能感と呼んでいる。上図は，有能感の構造を示したものであり，全般的な有能感は，学習・運動・社会という大領域の**有能感**から構成されている。日本では，学習に関する有能感が，年齢と共に減少する傾向が認められている。

下図は，子どもの有能感を測定する図版の一部である。この場面は，パズルが上手かどうかを問うものであり，左はパズルの上手な子，右は苦手な子を表わしている。どちらの子が被験児と似ているかを判断させた後，どの程度上手（あるいは苦手）であるかを尋ねることにより有能感の大きさが測定される。

▶文献　デシ　1975　安藤延男・石田梅男訳　1980　内発的動機づけ　誠信書房

Ⓐ サルの好奇動機を実証する実験 (Butler, 1954 ; Whittaker, 1966より引用)

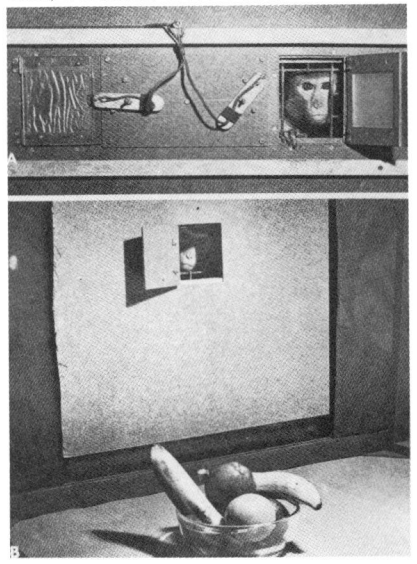

Ⓑ パズル課題により操作動機が実証された実験 (Butler, 1954 ; Whittaker, 1966より引用)

見たい！ 聞きたい！ 知りたい！──内発的動機づけ

内発的動機づけ：外からの報酬や罰によるのではなく、行動全体の好奇心や興味・関心を動機とする自発的な行動を生じさせる動機づけをいう

学習における動機づけは、外発的動機づけと**内発的動機づけ**に分けて考えられてきた。そのうち、内発的動機づけにかかわる概念に、好奇心がある。ⒶⒷは、サルの好奇心を明らかにした実験である。Ⓐは2つの小窓がついた檻の中にサルが入れられる。窓にはそれぞれ異なる色の板がついており、ある色の色板を押した時にだけ30秒間窓の外の光景が見られる。何回かの試行を経て、サルは色を弁別するようになり、外の光景を見るために開く方の板を何度も押すようになる。Ⓑは、食べ物などの外的報酬はないのにパズル課題に取り組んでいる。

◎オリジンとポーンを区別する6つの側面 (deCharms, 1976)

内的コントロール (Internal Control)	すべての思考，意志決定，活動，知覚，課題解決のための試みと実際の解決そのものがすべて個人の内から発生し，内的にコントロールされているか。
目標設定 (Goal-Setting)	自分の行動目標を，いかなる外的な影響からも独立して，または周囲の力に対する反発に基づいて，自分の意志で決定しようとしているか。
手段的行動 (Instrumental Activity)	行動目標を達成するための手段となる活動が，内発的に生みだされているか。
現実性知覚 (Reality Perception)	環境における自己の位置づけ，自己の可能性，力，弱さなどについて正しく認識できているか。
個人的責任感 (Personal Responsibility)	自分の行為や目標達成，要求の充足，課題解決などの結果に対して，その責任を自ら喜んで受け入れようとするか。
自信 (Self-Confidence)	自分が成功することと自分の環境を変化させることに自信があるか。

　動物でも人でも，外界からの刺激を一定の水準に保とうとする性質があり，その水準が保てない場合にはそれを回復しようと探索的行動が動機づけられると仮定される。この好奇心の中でも，質や方向性よりも刺激の量が求められる場合に（たとえば，退屈しのぎに）生じる好奇心を「拡散的好奇心」，特定の環境で特定の情報を求める好奇心を「特殊的好奇心」と呼んでいる。

　また，内発的動機づけは，自己原因性の概念をもつことによって強められるという考えがある。すなわち，生徒が行動の結果を外部のせいによって引き起こされていると認知する（ポーン）のではなく，自分が自分の行動の原因であると認知する（オリジン）ことが，子どもの動機づけを高め，学習行動の達成に結びつくと考えられる。◎はこのオリジンとポーンを区別する6つの側面である。

▶文献　新井邦二郎編著　1995　教室の動機づけの理論と実践　金子書房

Ⓐ クラスの雰囲気と達成目標 (Ames & Archer, 1988)

雰囲気の次元	マスタリー（ラーニング）目標	パフォーマンス目標
何が成功と見なされるか	進歩・上達	良い成績・高い順位
何に価値が置かれているか	努力・学習	他者よりも高い能力
満足の理由は何か	熱心な取り組み・挑戦	他者よりも優れた結果を出す
教師の志向はどこにあるか	どのように生徒が学習しているか	どのような成果を生徒があげているか
誤りや失敗はどうとらえられるのか	学習の一部	不安を喚起させるもの
何に関心が向けられているのか	学習のプロセス	他者と比較した場合の自分の成績
努力する理由は何か	新しいことを身につける	良い成績・他者よりも優れた結果
評価の基準はどこにあるのか	絶対的基準・進歩	相対的基準

Ⓑ クラスの学習目標を測定する尺度 (渡辺, 1990)

項　　　目	
パフォーマンス・スケール	マスタリー・スケール
先生は、「人よりよい成績をとるように」とよく言う	先生は、苦手なものがなくなるようにねっしんに教える
先生は、よくできる人ばかりをほめる	先生は、勉強におくれている人がいるかどうか確かめる
先生は、成績のよい人の名前を言う	先生は、だれでもがんばるように思っている
先生は、成績やテストのことばかり気にする	先生は、自分のために勉強するように言う
先生は、よくあなたと他の人をくらべる	友達どうしみんななかよしである
友達どうしみんな競争している	少しでも自分のよいところが増えることが目標である
勉強ができないとばかにされる	自分の苦手なことがなくなることが大切なことである
がんばるのは、他の人に勝つためである	がんばれば、よい点がもらえると思われている
よい点をとることが成功したことになる	知らないことを知ることが勉強であると思われている
答えをまちがえることは、はずかしいことである	がんばる人が委員になっている
よい点をもらえるのは、少しの人である	答えをまちがえることも勉強であると思われている

やる気と学級の雰囲気

　子どもの学習の動機づけは、個人だけではなく学級の雰囲気といった環境要因による影響を受ける。たとえばⒶのように、自分自身の目標規準に照らして努力し、内容の理解や学習の過程そのものに喜びを感じるマスタリー志向性と、他者と比較して自分の能力や価値を見出し、望んだ目標を達成することに興味があるパフォーマンス志向性がある。こうした志向性は、学級の雰囲気の違いによって大きく影響され、各生徒が学級の志向性をどちらに認知しているかが、生徒個人の達成動機や原因帰属に影響を与える。

◎マスタリー目標を進める学級の構造と教授方法 (Ames, 1992)

【構造】	【教授方法】	【動機づけパターン】
課題	○学習活動中の重要な面に焦点を当てる ○生徒の関心を引くように目新しい，多種多様な課題を工夫する ○生徒が挑戦しようと思う手ごろな課題を工夫する ○生徒が自分で確認できる短期的な目標を設定できるように援助する ○生徒が効果的な学習方法を考え出し，利用するよう援助する	○努力を重視し，学習に力を注ぐ ○活動自体への関心 ○努力を基本とした学習方法への帰属 ○効果的な学習方法，自分で工夫できる他の方法の利用 ○学習への積極的な関心 ○努力を多く必要とする課題への肯定的な感情 ○帰属意識の獲得 ○失敗に対する耐性
権威	○生徒が意思決定に参加するのを援助することに力を注ぐ ○決定が能力でなく努力に基づくよう"現実味のある"選択肢を提供する ○自己管理と自己モニタリングの技能を発達させ，利用できるように援助する	
評価と承認	○個々の生徒の向上，進歩，習熟に力を注ぐ ○公式的に一般的に評価するのではなく個別的に１人ひとりを評価する ○生徒の努力を認める ○生徒が自分で向上していく機会を与える ○まちがいを学習の一部としてみることができるように生徒を勇気づける	

　小学5年生を対象に，クラスの学習目標についての認知（→Ⓑ）と学習方法に関する項目，課題遂行意欲，クラスへの適応，成功事態／失敗事態での原因帰属との関係を検討したところ，クラスの雰囲気がマスタリー指向であると認知している生徒は，効率のよい学習方法を選択し，課題に対して意欲的であり，クラスに適応しているが，パフォーマンス指向が高いと認知している生徒は，クラスへの適応度が低いことが明らかになった。

　また，マスタリー目標を進める学級の構造は，Ⓒのように，①課題と学習活動のあり方，②権威と責任のあり方，③評価と承認のあり方，によって規定されると考えられる。

達成欲求と課題選択（Atkinson & Litwin, 1960より作成）

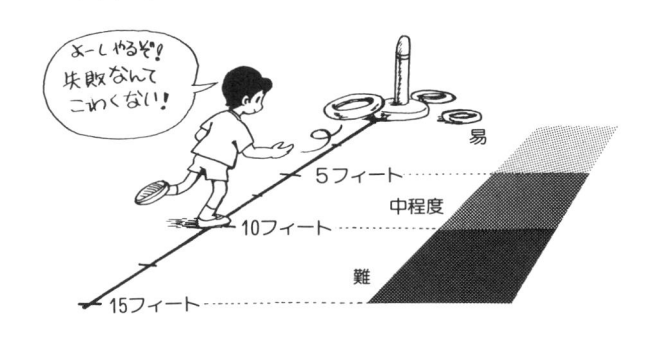

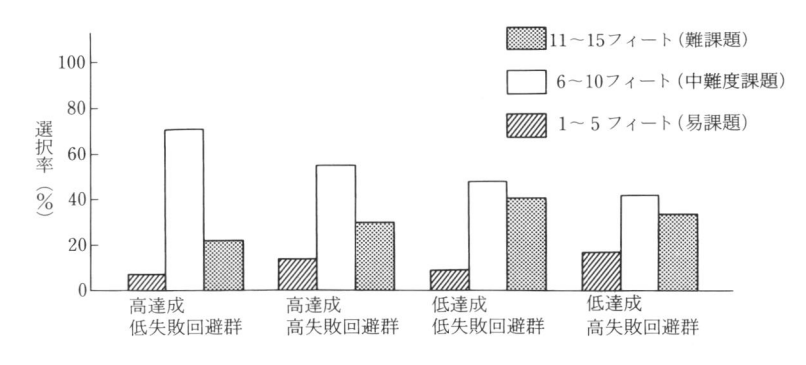

「よーしやるぞ！失敗なんてこわくない！」

5フィート … 易
中程度
10フィート …
難
15フィート

凡例：
- 11～15フィート（難課題）
- 6～10フィート（中難度課題）
- 1～5フィート（易課題）

選択率(%)：高達成低失敗回避群／高達成高失敗回避群／低達成低失敗回避群／低達成高失敗回避群

目標に向かって！──達成動機と課題の選択

　自分をさらに高めたいとか，ある目標を成し遂げたいという欲求を**達成動機**という。図は，男子学生にわなげのゲームを行わせて，達成動機および失敗回避欲求と課題の選択との関係を検討したものである。その結果，達成欲求が低く失敗回避欲求の強い人は極端に優しい課題か逆に，成功の見込みのない難しい課題を選択したのに対し，達成動機が強く失敗回避欲求の弱いものは実現可能性のある適度に困難なものを選択した。

達成動機：マレーのあげた心理発生的要求の1つで，マックレランドらによって精力的に研究された。障害を克服し，困難な物事を迅速かつ立派にやりとげるために努力しようとする動機と定義される

▶文献　宮本美沙子　1979　達成動機の心理学　金子書房

攻撃行動の模倣（Bandura ほか，1963）
上段：大人が大きな人形に攻撃的な行動を示している
中段：大人のモデルを見た男児が同様の行動を示す
下段：女児もまたモデルの行動を模倣している

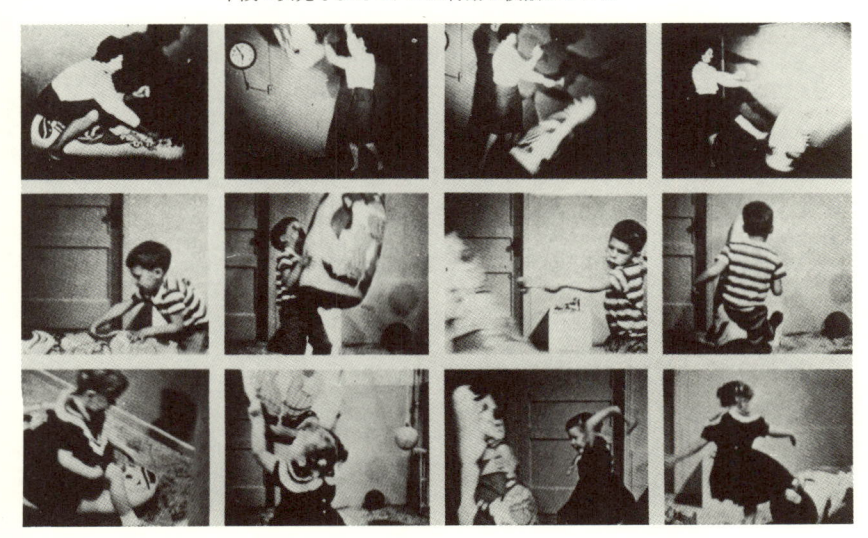

はじめから乱暴な子どもはいない──獲得される攻撃欲求

　攻撃欲求は，本能として生得的にあると考えられる一方で，後天的に獲得しうるものとも考えられている。欲求不満が爆発して攻撃行動が起こるという説もあるが，他人の攻撃行動を見て模倣することによって獲得されるという報告もある。特に，子どもは身近にいる大人の行動を**同一視**の対象とし，攻撃行動をモデルとして模倣するようである。図は，大人の攻撃行動を観察した男児と女児がいずれも大人の行動と同じような攻撃行動を示した結果を示すものである。

同一視：精神分析では，対象の姿を自分の中に取り入れ，対象と同様の考え，感情をもち，行動することをいう

援助行動の動機づけの発達 (渡辺, 1986)

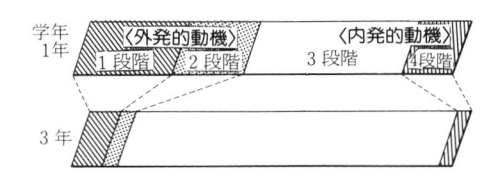

発達段階
第1段階：外発的物質的報酬の期待
　　　　　（ごほうびがもらえるから）
第2段階：外発的社会的報酬の期待
　　　　　（ほめてもらえるから）
第3段階：内発的外的報酬の期待
　　　　　（お互いに助けあうべきだから）
第4段階：内発的自己報酬の期待
　　　　　（愛他心）

場と相手によって変わる援助行動

思いやりも時によりけり ── 援助行動の動機づけ

原因帰属：成功や失敗などの事態の原因を認知することであり、ワイナーは統制の位置（内的か外的か）、安定性（固定的か変動的か）、統制可能性（統制可能か不可能か）の3次元によって説明している

　私たちは、どのようなことから他の人を助けてあげようと思うのだろうか。援助行動の動機づけ段階は、上図のような4段階に大きく分類されているが、小学校3年生の方が1年生よりも外発的動機づけが減少し、内発的動機づけが増加していることがわかる。
　また、援助される人がどういう理由から災難にあっていると認知するか（原因帰属）によって、援助側の感情が規定され、援助行動が決定されるという説がある。下図は、地下鉄のホームから落下する人が、酒ビンをもって酔っ払っていた場合には、怒りの感情がわき援助行動が抑制されるのに対し、杖をついていた体の不自由な人であれば同情し、援助量が増えることを示した図である。

▶文献　マッセン・アイゼンバーグ　1977　菊地章夫訳　1981　思いやりの心理学　金子書房

12章　その人らしさの発達
■人格と自我の発達

その人らしさはどうとらえられるか？
子どもの人格と自我の発達
青年期の人格と自我の発達
現代青年の自我発達

性格の類型論と特性論

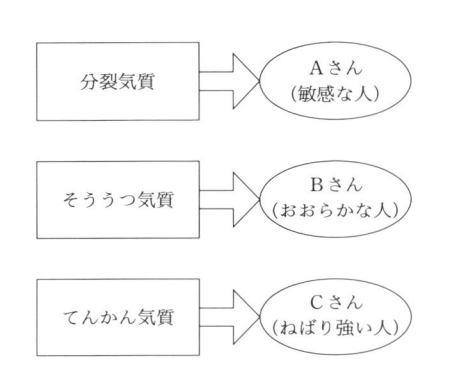

```
分裂気質      → Aさん（敏感な人）
そううつ気質  → Bさん（おおらかな人）
てんかん気質  → Cさん（ねばり強い人）
```

```
Aさん: 敏感さ 8／おおらかさ 1／ねばり強さ 1
Bさん: 敏感さ 2／おおらかさ 6／ねばり強さ 2
Cさん: 敏感さ 1／おおらかさ 2／ねばり強さ 7
```

類型論
類型論では人をいくつかの性格の類型（タイプ）に分類して、どんな特徴をもつ人かを理解しようとする。この図ではクレッチマーによる性格の3類型によって、3人の人がそれぞれどのように理解されるかを示したもの。

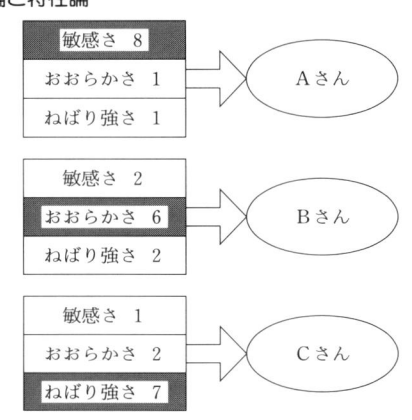

特性論
左の図と同じ人を「特性論」的に理解した場合の図解。「敏感さ」「おおらかさ」「ねばり強さ」というそれぞれの特徴（性格特性）が、各人の中で相対的にどの程度強いかによって、その人の性格を理解する（図ではクレッチマーの性格類型を特性的に書き直し、10点満点で示した）。

その人らしさはどうとらえられるか？──人格・性格の話

性格：人格のうちでも、主に感情や意志などの情意のみをさして「性格」と呼ぶ場合もある

「あの人はいい性格だ」「あの人は高潔な人格だ」など、人の行動や内面の性質は「**性格**」や「**人格**」という言葉でしばしば表現される。心理学では、日常語とは異なり、価値判断を含まない、個人に独特の行動パターンと、そのもとになる心理的、身体的な活動として「人格」または「性格」という言葉を使う。またこうした人格、性格の基礎にある身体的・生理的な行動の個人差を「気質」と呼ぶ。気質は、乳幼児など発達早期における個人差の指標として現代心理学において特に注目されている（菅原，1996）。人格のとらえ方には、人をいくつかの「タイプ」に分類してとらえる方法（類型論）

クレッチマーによる体型と気質（性格類型）の関係

体　型	気　質	特　徴
肥満型	そううつ気質	社交的，善良，親切，温厚，明朗，ユーモア，活発
細長型	分裂気質	非社交的，内気，まじめ，変わり者，臆病，敏感，神経質，従順，お人よし，鈍感，無関心
闘士型	粘着気質	き帳面，融通きかない，粘り強い，礼儀正しい，興奮すると熱中，怒りやすい（爆発性傾向）

と，また，さまざまな特徴を個々人がどれだけ強く（弱く）もっているかによって，個人の人格をとらえる方法（特性論）がある。類型論は，一般的に理解しやすい反面，個々人のもつ多様性を限られた「タイプ」に無理に分けてしまうため，中間的な特徴が示されないなどの問題点がある（塚田，1980）。一方，特性論は，一般的な人の理解の方法としては，どうしてもわかりにくいため，心理学の専門的な研究以外の場面では，応用が難しい。

▶文献　青柳肇・杉山憲司編著　1996　パーソナリティ形成の心理学　福村出版

Ⓐ子どもの自己認識の実験　　　Ⓑサルの鏡の認識実験（フラワーテスト）

オプティック・フローの実験場面
出典：板倉昭二　1999　自己の起源：比較認知科学
　　からのアプローチ　金子書房　p18.

出典：板倉昭二　1999　自己の起源：比較認知科学
からのアプローチ　金子書房　p68.

子どもの人格と自我の発達

　従来，生まれて間もない乳児は，外界と自分自身の区別のつかない混沌とした世界に住むと考えられてきた。しかし，最近の研究では，発達のかなり早い時期から乳児は身体的なレベルについては，自分自身と外界を区別できていることがわかってきた（→Ⓐ）。

　乳児に鏡を見せ，その反応によって，子どもの「自分」という意識の発達を研究することができる。乳児は当初，鏡に写った像は他人の姿であると思ってしまう。1歳半から2歳になってはじめて自分の像であることがわかるようになり，この段階を経て，鏡に向かって積極的にかかわる段階へと進むという（神田，1994）。

◎フロイトの発達段階と人格発達

区　　分	年　　齢	主な人格発達
口唇期	生後～1.5歳ころ	母子一体感，基本的信頼
肛門期	～3歳ころ	自己主張，自我の芽生え
エディプス期	～5歳ころ	超自我と罪悪感の形成，性同一性の形成
潜伏期	～12歳ごろ	内面的安定，社会的活動，学習，仲間関係
思春期（性器期）	以後成人まで	性的関心と葛藤の再現，性的パートナーの確立

　こうした鏡による自己認識は人間だけのものではなく，類人猿においても確認されている。チンパンジーやオラウータンが眠っている間に，顔に赤いマークをつけて，覚醒後に鏡を見せると，鏡ではなく自分の顔のマークに直接触れることが実験で明らかになっている（→Ⓑ）。

　幼児期に入る子どもは，自分自身の意志を主張するようになる。親の言うことに反抗し，わがままを通そうとするなど第一次反抗期にはいる。この時期の「しつけ」が厳しすぎると，子どもの自我や主体性の芽を摘み取ってしまう可能性がある一方で，過度に甘やかした場合，わがままな性格になってしまう可能性がある（→Ⓒ）。

▶文献　板倉昭二　1999　自己の起源：比較認知科学からのアプローチ　金子書房

Ⓐ 青年期の発達課題（ハヴィガースト，1953）

仲間集団
(1) 同年齢の男女との洗練された新しい交際を学ぶこと
(2) 男性として，また女性としての社会的役割を学ぶこと

独立性の発達
(1) 自分の身体の構造を理解し，身体を有効に使うこと
(2) 両親や他の大人から情緒的に独立すること
(3) 経済的な独立について自信をもつこと
(4) 職業を選択し準備すること
(5) 結婚と家庭生活の準備をすること
(6) 市民として必要な知識と態度を発達させること

人生観の発達
(1) 社会的に責任のある行動を求め，そしてそれをなしとげること
(2) 行動の指針としての価値や倫理の体系を学ぶこと

青年期の人格と自我の発達

青年期に入ると，第2次性徴に伴って身体的な発達が急速に生じる。また形式的操作が可能になることで，自分自身の内面など抽象的な思考ができるようになってくる。こうしたことから，青年期には，自分の身体や内面について，より目が向きやすくなり，その結果，自我（"Ｉ"）と自己（"me"）の分化がより明確になってくる。

ハヴィガーストは，個人の生涯のいろいろな時期に生じる学習・成就すべき課題，すなわち「**発達課題**」を想定した（→Ⓐ）。このうち青年期の課題は図のようなものである。しかし，これはあくまで1950年代アメリカ中産階級の生活様式をモデルにしたものであり，性役割など，現代日本においてそのまま通用するとは限らない。

精神分析学者のエリクソンは，個人が生涯の発達段階で解決すべき固有の心理－社会的課題があるとし，Ⓑのような達成－未達成の状態の対によってこれを示した。青年期においては，自分自身の性

発達課題と漸成発達：エリクソンの漸成発達図で示されたのは，あくまで，それぞれの発達段階で顕在化する「心のテーマ」を示したものであり，社会的に望ましい姿，教育の対象，ないしは学習すべき在り方（規範）を示したものではない。その点でハヴィガーストのいう「発達課題」とは意味が異なることに注意が必要である

▶文献　エリクソン　1959　小此木啓吾（訳）　1973　自我同一性　誠信書房

⑧エリクソンの漸成発達図 (エリクソン, 1959)

	1	2	3	4	5	6	7	8
Ⅰ 乳児期	信頼 対 不信							
Ⅱ 幼児前期		自律性 対 恥, 疑惑						
Ⅲ 幼児後期			自主性 対 罪悪感					
Ⅳ 学童期				勤勉性 対 劣等感				
Ⅴ 青年期	時間展望 対 時間拡散	自己確信 対 同一性意識	役割実験 対 否定的同一性	達成の期待 対 労働麻痺	同一性 対 同一性拡散	性的同一性 対 両性的拡散	指導性と服従性 対 権威の拡散	イデオロギーへの帰依 対 理想の拡散
Ⅵ 成人前期						親密性 対 孤立		
Ⅶ 成人期							世代性 対 停滞性	
Ⅷ 老年期								統合性 対 絶望

出典：前田重治 1994 続 図説臨床精神分析学 誠信書房 P35.

格や対人関係の取り方についての自己定義，恋愛や結婚，就職など，将来にわたる自分らしさの最終定義を模索し定義づけようとする（自我同一性）。自我同一性は，それ以前の段階でのテーマがどのように達成されてきたか，によっても影響されるとともに，その後の人生全体を通して達成されると考えられている。

自分自身の内面に対する関心（私的自己意識）についての自分と友人の比較

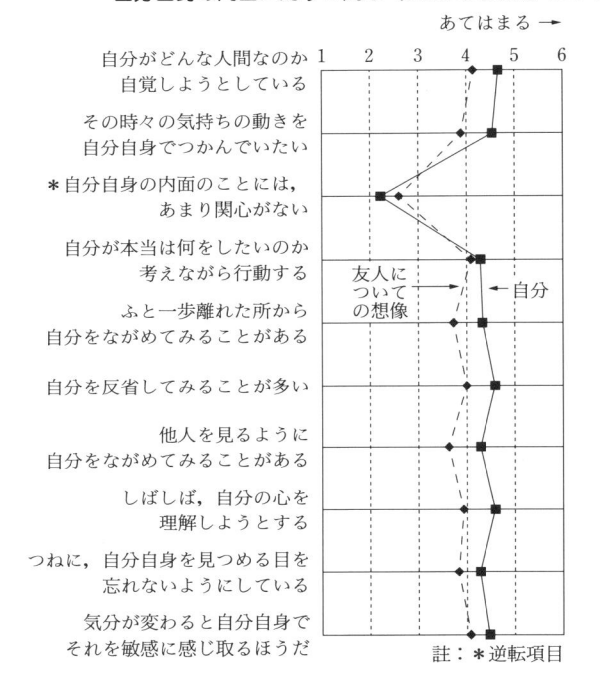

あてはまる →

	1	2	3	4	5	6
自分がどんな人間なのか自覚しようとしている						
その時々の気持ちの動きを自分自身でつかんでいたい						
＊自分自身の内面のことには，あまり関心がない						
自分が本当は何をしたいのか考えながら行動する						
ふと一歩離れた所から自分をながめてみることがある						
自分を反省してみることが多い						
他人を見るように自分をながめてみることがある						
しばしば，自分の心を理解しようとする						
つねに，自分自身を見つめる目を忘れないようにしている						
気分が変わると自分自身でそれを敏感に感じ取るほうだ						

友人についての想像　　←自分

註：＊逆転項目

出典：岡田努　1999　現代大学生の認知された友人関係と自己意識の関連について　教育心理学研究　47, 442-449に基づいて作成

現代青年の自我発達――「今どきの若者」は未熟なのか？

　現代の青年には，これまでとは異なる人格発達の様相が見られるようになってきた。すなわち，自分の生き方などについて深く考えたり悩むよりも，消費中心，遊び中心といった指向性が強まり，心理的にも，青年期を終結させてあえて成人期へ移行しない若者が増えてきていると言われている（千石，1991；門脇，1995など）。定職に就くことを望まず，いわゆるフリーター志向の若者が増えていることなども，こうした現れといえよう。

　また他者とのかかわりの中で，傷つけあうことを恐れるために，表面的な付き合いで済ませる傾向が強まり，対人関係を通して形成される自我発達の未熟さも指摘されている（門脇，1995；大平，1995など）。一方，青年自身は友人との間で深いかかわりを求めており，また自分自身の生き方など深刻な内面的問題に対しても関心

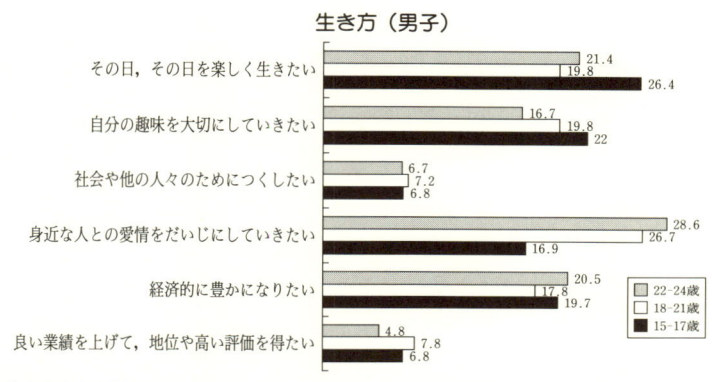

12章 その人らしさの発達　　149

生き方（男子）

項目	22-24歳	18-21歳	15-17歳
その日，その日を楽しく生きたい	21.4	19.8	26.4
自分の趣味を大切にしていきたい	16.7	19.8	22
社会や他の人々のためにつくしたい	6.7	7.2	6.8
身近な人との愛情をだいじにしていきたい	28.6	26.7	16.9
経済的に豊かになりたい	20.5	17.8	19.7
良い業績を上げて，地位や高い評価を得たい	4.8	7.8	6.8

総務庁青少年対策本部　1996　日本の青少年の生活と意識：青少年の生活と意識に関する基本調査報告書　に基づいて作成

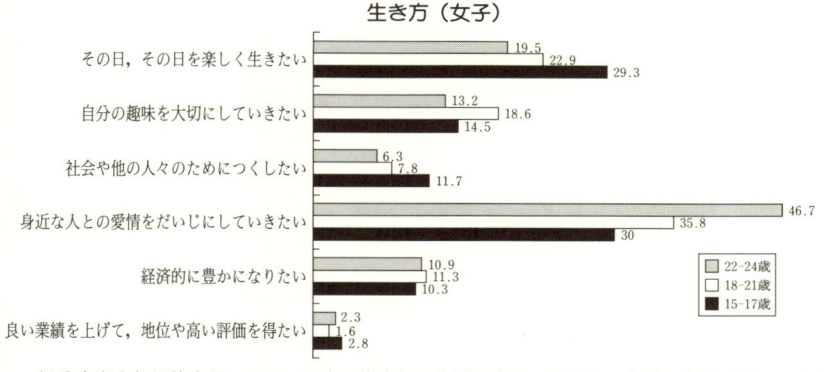

生き方（女子）

項目	22-24歳	18-21歳	15-17歳
その日，その日を楽しく生きたい	19.5	22.9	29.3
自分の趣味を大切にしていきたい	13.2	18.6	14.5
社会や他の人々のためにつくしたい	6.3	7.8	11.7
身近な人との愛情をだいじにしていきたい	46.7	35.8	30
経済的に豊かになりたい	10.9	11.3	10.3
良い業績を上げて，地位や高い評価を得たい	2.3	1.6	2.8

総務庁青少年対策本部　1996　日本の青少年の生活と意識：青少年の生活と意識に関する基本調査報告書　に基づいて作成
男女とも，「身近な人との愛情をだいじに」「その日，その日を楽しく」などの割合が高く，いわゆる私生活主義，ないしは快楽志向的傾向が顕著である

を失ったわけではなく，世間一般のイメージに合わせようとして，あえて，表面的な関心しか示さないふりをしているという指摘もある（高垣，1988など）。これについて岡田（1999）が大学生に対して行った調査では，表面的な友人関係をとる傾向，自分自身に対する関心の度合い，積極性，親への依存など，現代青年らしいとされる特質については，自分自身よりも友人により強くあてはまると見なしていることが明らかとなった。

13章　女の子と男の子
■性役割と性行動の発達

人間の性はどのように決まるのか
性別を知ることによる性役割の取り込み
性役割についてのいろいろな考え方
子どもの性役割行動と親の発達期待
女（男）に生まれてよかったか
どう振る舞えばよいのか
体が先か，心が先か

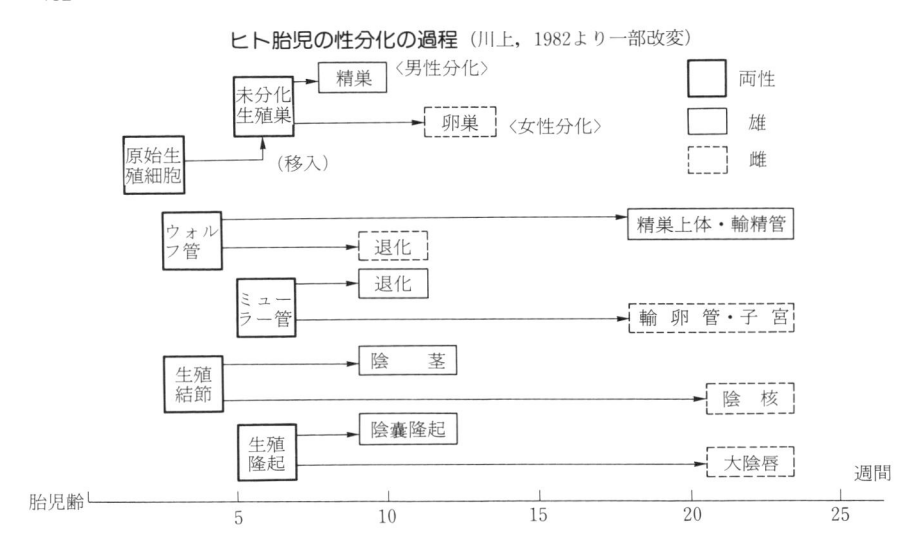

ヒト胎児の性分化の過程 （川上，1982より一部改変）

```
                    ┌─精巣─────────────────〈男性分化〉
        ┌─未分化──┤
        │  生殖巣  └─ ┊卵巣┊──〈女性分化〉
原始生殖─┘    (移入)
細胞

□ 両性    □ 雄    ┊ ┊ 雌

ウォルフ管 ─────────────────→ 精巣上体・輸精管
         └─ ┊退化┊
ミューラー管 ── 退化
            └──────────────→ ┊輸卵管・子宮┊
生殖結節 ── 陰茎
         └──────────────→ ┊陰核┊
生殖隆起 ── 陰嚢隆起
         └──────────────→ ┊大陰唇┊

胎児齢 ├────┼────┼────┼────┼──→ 週間
       5    10   15   20   25
```

人間の性はどのように決まるのか ── 胎児期における性の分化

性の分化：性腺の性分化は，Y染色体の有無によって，輸管系・外性器の各性分化は精巣からの男性ホルモンにさらされるか否かによって決まると考えられている

　人間の体は44の常染色体と2つの性染色体をもつ細胞から成る。遺伝的な性（XXまたはXY）は受精の瞬間に決定されるが，体の性は遺伝的な性によって方向づけられる。

　人間の胎児は受精後第7週頃までは体は性的に未分化な状態にある（性的両能期）。第8週になると，男性ではY染色体上にある遺伝子が，未分化だった性腺を精巣へと作り変える（男性分化）。この遺伝子のない女性では，遅れて第11週にようやく性腺が卵巣を作り始める（女性分化）。輸管系の**性分化**および外性器の分化は，精巣から分泌されるホルモンによって引き起こされる（図）。このホルモンにさらされると男性型の，さらされないと女性型の各器官形成となり，「女性が基本型であり，男性はその改造型」だといえる。

▶**文献**　川上正澄　1982　男の脳と女の脳　紀伊國屋書店

性役割の発達／性同一性の形成過程 （伊藤, 2000）

〈社会的要因〉	誕生	2〜3歳	5〜6歳	思春期・青年前期	青年中・後期
	親の期待・働きかけ				
		仲間集団 マス・メディア			
			学校		
〈認知発達〉		中核性同一性 ・自己の性別の認知 ・自己概念に一致する性役割の取り込み	性の恒常性 ・性同一性の一応の確立	性同一性 ・性同一性の身体的側面における危機 ・性対象選択	性役割同一性 ・性同一性の社会的側面における危機
〈生物学的基礎〉	外性器の差異 第1次性徴（胎児期）			性的成熟 身体的成熟 第2次性徴	

性別を知ることによる性役割の取り込み——性同一性の形成

子どもは誕生と同時に親や周囲から性別に基づいたさまざまな働きかけを受ける。また，遊びを通して子どもたちは**性役割**を互いに強化し合う。テレビ，絵本，マンガ，雑誌などを通じても，ヒロインやヒーローの行動から女性と男性の「あるべき姿」を学んでいく。さらには学校という組織を通じて**ジェンダー**は再生産される。

けれども子どもたちは彼らを取り巻く社会から一方的に性の型づけを受けるわけではない。コールバーグが認知発達と呼んだ側面で，**性同一性**が性役割習得の中心的な役割を果たす。子どもは2歳半で自分の性をかなり正確に理解し，3歳で他人の性や事物の性的帰属も理解できるようになる。それゆえ自分が女か男かという中核性同一性は2〜3歳で確立すると考えられ，これが核になって自己概念に一致した性役割の取り込みが積極的に行われるようになる。

性役割：性別に基づいて社会から期待されるパーソナリティ特性，女らしさ・男らしさ
ジェンダー：生物学的性別（セックス）に対して心理・社会的な性をいう
性同一性：①自分が女か男かという性別の認識（中核性同一性）に始まり，②どの程度自分を女（男）らしいと感じるか，③さらに性的な対象の選択（異性か同性か）の問題も含む

▶文献　伊藤裕子編　2000　ジェンダーの発達心理学　ミネルヴァ書房

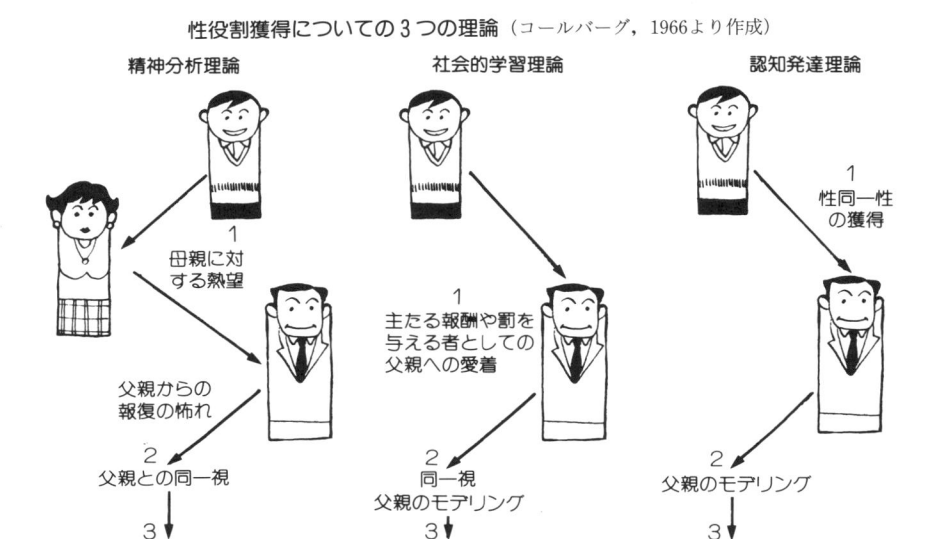

性役割獲得についての3つの理論（コールバーグ，1966より作成）

精神分析理論
1. 母親に対する熱望
   父親からの報復の怖れ
2. 父親との同一視
3. 性同一性の獲得

社会的学習理論
1. 主たる報酬や罰を与える者としての父親への愛着
2. 同一視 父親のモデリング
3. 性同一性の獲得

認知発達理論
1. 性同一性の獲得
2. 父親のモデリング
3. 父親への愛着

性役割についてのいろいろな考え方 —— 性役割獲得の理論

子どもが期待される性役割を学習し，身につけていく過程は，3つの理論で説明される。

精神分析理論では，男児の場合，母親をわがものにしたいという思い（**エディプス・コンプレックス**）から，ライバルとしての父親の存在に気づき，父親からの報復の怖れを免れるために父親との同一視が生じると考える。

社会的学習理論では，性役割行動に対する報酬や罰という社会的強化や有能なモデルへの愛着から父親との同一視がおこり，父親の行動のモデリング（模倣）により性役割が獲得されるとする。

認知発達理論では，自分が男の子だという認知（性同一性）から始まる。「僕は男の子だ。だから男らしくありたい」と望み，男らしい行動をとることは自己概念と一致するのでその行動傾向を強めていくと考える。

エディプス・コンプレックス：
精神分析学用語。男児が母親に愛着し，父親を競争相手として憎む心理

精神分析理論，社会的学習理論では，性役割獲得，性同一性獲得の先行条件として同性の親との同一視を考えるのに対し，認知発達理論では，性同一性獲得が最初であり，同性の親との同一視はその結果だと考える

▶文献　コールバーグ（マッコビィ編 1966）青木やよひほか訳　1979　性差　家政教育社

自己制御の2つの面の発達 (Kashiwagi, 1989)

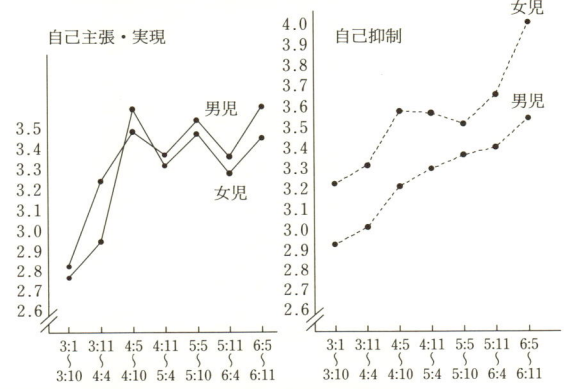

母親の発達期待と子どもの自己制御との関係 (Kashiwagi, 1989)

Gr.1：母親の期待が従順より自己主張を期待している群
Gr.2：母親の期待が自己主張より従順を期待している群

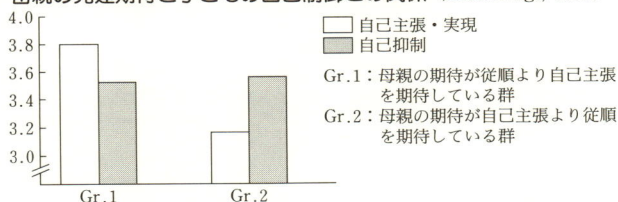

子どもの性役割行動と親の発達期待

　親の期待は子どもの性別によってかなり明確な違いがみられる。男の子には達成や自立，責任感が，女の子には思いやりや素直さが期待される。そして子どもはその親の期待に沿うべく自らの行動をコントロールするようになる。

　たとえば，親の禁止や規範を受け入れ，欲求を制御する**自己抑制**は，図のように幼児期全般を通して発達するが，どの年齢でも女の子の方が男の子より自己抑制が上回っている。それは見方を変えれば，親が女の子により自己抑制的な行動に価値を置いたしつけをしていることをうかがわせる。実際，母親の発達期待が自己主張より従順にある場合（Gr.2），子どもの**自己主張・実現**は押さえられ，自己抑制が発達する。このように親が性別に基づいたしつけを意図しなくても，親の発達期待が子どもの性別化を促しているのである。

自己抑制・自己主張：欲求を制御する2つの方向として，1つは行動の抑制的な働き（自己抑制），もう1つは推進的な働き（自己主張）がある

▶文献　柏木惠子編　1992　パーソナリティの発達（第2章）　金子書房

性的成熟（初潮，精通）が発現したときの心理的受容度（齊藤，1998より作成）

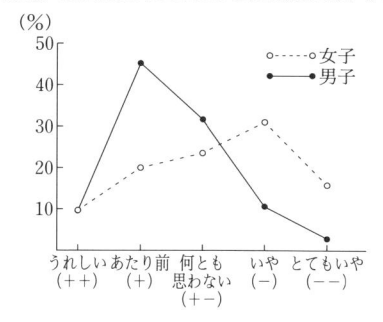

自己の性の受容の発達的推移

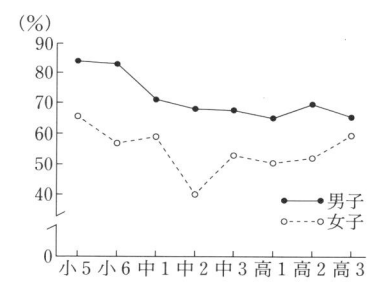

東京都幼稚園・小・中・高・心障性教育研究会（1999）より作成。
ただし，小5〜小6のみ1993年の資料を援用。

女（男）に生まれてよかったか──思春期発達と性の受容

　思春期は心身ともに急激な変化のおとずれる時期である。なかでも性的成熟は，それまでに経験したことのない質的な変化をもたらす。子どもたちは初潮や精通を通じて，女や男になることの身体感覚を感じとっていくが，たとえばその際の心理的受容度は男女で大きく異なる（上図）。

　一方，それは体の変化だけにとどまらない。その変化を通じて子どもは自分の属する性的カテゴリーを改めて自覚し，自己の性の意味，その性に期待される社会的な役割を知るようになる。「女（男）に生まれてよかった」という性の受容は思春期になると概して低下するが，特に女子の落ち込みは激しく（下図），それは青年期全般を通じて女子の**自己評価**が低下することとも関連している。

自己評価：ありのままの自分を受け入れ（自己受容），自分を価値ある存在だと思える（自尊感情）など，自分そのものに対する評価

▶**文献**　伊藤裕子編　2000　ジェンダーの発達心理学　ミネルヴァ書房

青年男女の性役割観および性役割期待の認知（伊藤・秋津，1983より作成）
"自分にとってどの程度重要か"（性役割観）"一般に男性（女性）にとってどの程度重要か"（男性（女性）役割期待の認知）を評定したもの

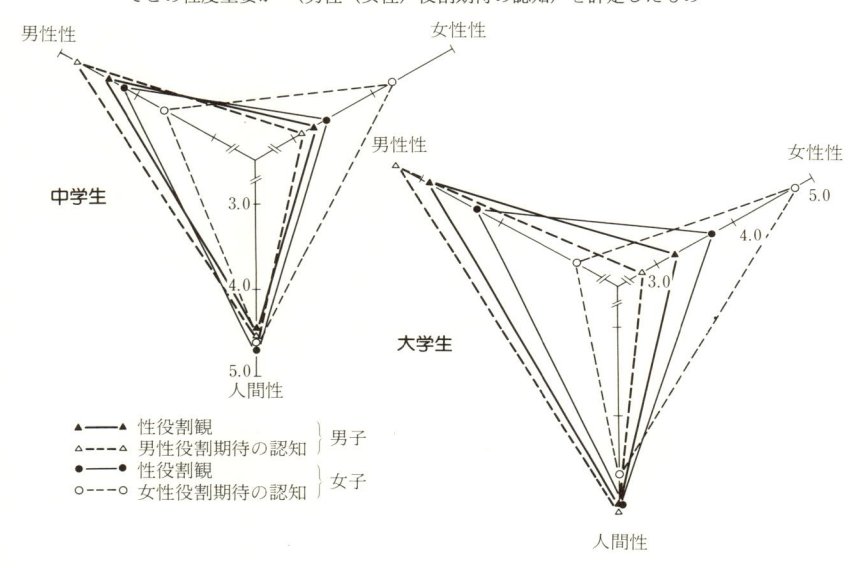

▲——— 性役割観
△----△ 男性役割期待の認知 ｝男子
●——● 性役割観
○----○ 女性役割期待の認知 ｝女子

どう振る舞えばよいのか —— 青年期の性役割観

思春期になり性的成熟を迎えると，自分の属する性の意味や期待される役割を，自己の身体を通して改めて自覚するようになる。

青年前期（中学生）にはまだ男女の**性役割観**に差はなく，男性性と人間性が等価なものとして自己の行動基準になっている。しかし後期（大学生）になると，男子は男性性を，女子は女性性をより重要な要素と考えるようになるが，また同時に，それ以上に人間性が重要だと考えている。

一方，**性役割期待**との関係では，男子は役割期待に沿った性役割観を形成していくので，そこに矛盾や葛藤は起こらないが，女子では期待される役割と自己の性役割観が全く隔たってしまっているため，大きな役割葛藤を感ずることになる。

性役割観：男あるいは女としての各人の行動の基準，態度，価値

性役割期待：各性に対して周囲が期待する性役割特性の総体。男らしさ，女らしさ

性的発達のパターン（日本性教育協会，1983）
高校生と大学生を対象に行った性行動に関する調査において抽出された
今日の青年男女の一般的な性行動の発達的パターン

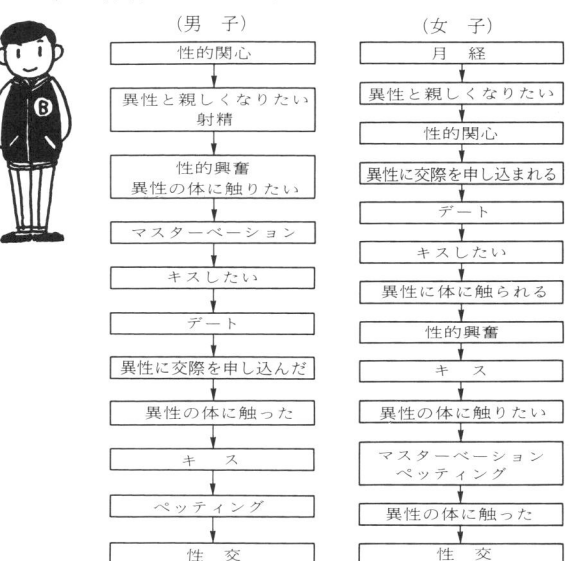

（男　子）

性的関心
↓
異性と親しくなりたい
射精
↓
性的興奮
異性の体に触りたい
↓
マスターベーション
↓
キスしたい
↓
デート
↓
異性に交際を申し込んだ
↓
異性の体に触った
↓
キ　ス
↓
ペッティング
↓
性　交

（女　子）

月　経
↓
異性と親しくなりたい
↓
性的関心
↓
異性に交際を申し込まれる
↓
デート
↓
キスしたい
↓
異性に体に触られる
↓
性的興奮
↓
キ　ス
↓
異性の体に触りたい
↓
マスターベーション
ペッティング
↓
異性の体に触った
↓
性　交

体が先か，心が先か── 性的発達の性差

　性的成熟を迎える頃になると異性への興味や関心が急速に増してくる。しかし，その背後にある性的欲求には性差が大きく，生理的な違いもさることながら，社会化の過程で刷り込まれてきた性的態度の違い──男子には性的イニシアチブや積極性を，女子には性的つつしみを──が男女間で行き違いを生む大きな原因となっている。すなわち，上図にみるように，概して，性的な興味や関心が先にあって，それが特定な異性に対して焦点化していく男子と，特定な異性と親しくなる過程で性的な関心を触発される女子との違いがある。

　このような差は具体的に性的欲求の差として表れるが，その経験率は男女できわめて近似している。この傾向は，程度の差はあれ，デート，キス，ペッティング，性交など男女が対になって行う性行動に共通に認められる。

▶文献　落合良行・伊藤裕子・齊藤誠一　1993　青年の心理学　有斐閣

14章　良い子, 悪い子, 普通の子
■道徳性と向社会的行動の発達

どちらが悪い
都会人だけが無関心？
子どもって自分勝手？
人はなぜ他の人を援助する
大勢よりもひとり
向社会性を育てる
自信のある子はやさしい
子どもたちのモラルは低下したか
いじめを見ても知らん顔

結果論と動機論——どちらが悪いでしょう（ピアジェ類似の問題）

マリーは，お母さんのお手伝いをしていて，誤って，お皿を割ってしまいました。お皿がたくさん割れました。

ジュリーは，台所で遊んではいけません，と言われているのに，ふざけて，お皿を1枚割ってしまいました。

コールバーグの道徳性に基づく発達段階（山岸，1976）

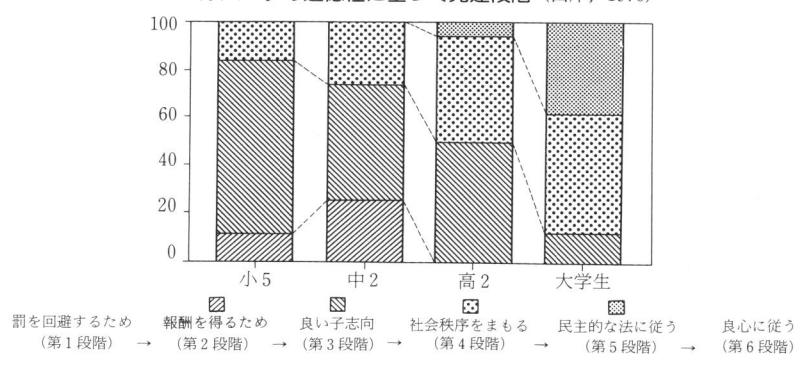

罰を回避するため（第1段階）→ 報酬を得るため（第2段階）→ 良い子志向（第3段階）→ 社会秩序をまもる（第4段階）→ 民主的な法に従う（第5段階）→ 良心に従う（第6段階）

どちらが悪い —— 道徳性の発達

結果論と動機論：善悪を，物質的損失の結果から判断するのが結果論であり，なぜそのようになったのかという理由から判断するのが動機論である

　ピアジェは，子どもたちにいくつかの物語を聞かせ，そのなかの子どもの行動についての善悪を判断させた。このような判断に関しては，個人差が大きいものの，8,9歳をさかいに，**結果論**的な判断から**動機論**的な判断へと移行することを見出した。同様な方法で，ピアジェは，ルールの理解や，うそについての子どもの判断から，道徳性は，他律的から自立的へという，次のような段階を経ると考えた。①7,8歳までの，大人の権威に従う段階→②11,12歳までの，絶対的な平等主義の段階→③11,12歳以降のまわりの状況を考慮し，自身の価値判断に基づく段階。

14章　良い子，悪い子，普通の子

向社会的な道徳判断の発達（宗方ほか，1985より一部修正）

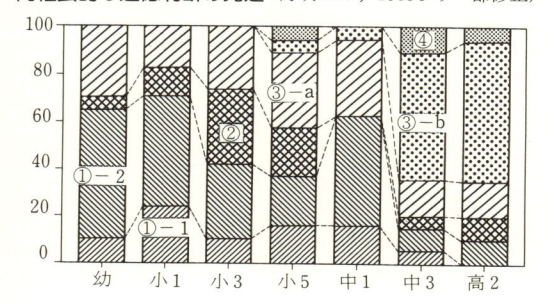

向社会的な道徳ジレンマ（アイゼンバーグの例）：ボブは，体の不自由な子どもに水泳を教えてくれと頼まれました。この町では，救助法をマスターしたボブだけしか，この役ができません。しかし，ボブが引き受けると，練習時間が少なくなって，競技大会で勝つことが難しくなるし，大学への奨学金も難しくなります。ボブは，教えるのを引き受けるべきですか，また，それはどうしてですか？

①－1 快楽主義的で実際的な志向（自分に役立つかが基本になる）
①－2 他人の要求志向（相手の要求に関心は持つが，考慮するわけではない）
②承認と対人的志向・紋切り型志向（ほめられるから援助する）
③－a 共感的志向
③－b 内面化への移行段階
④強く内面化された段階（自尊心や，自分の価値により判断する）

　ピアジェの考え方を基礎に，コールバーグは，道徳性の認知発達に重点をおいた6段階説を発表している。しかし，アイゼンバーグはコールバーグのような，法・規則・権威に対する判断ではなく，自分の要求と他の人の要求が対立するような場面（**向社会的な道徳ジレンマ**）での判断に基づく，上記のような道徳性の発達段階を提唱している。

　小さな子どもたちの向社会的な道徳判断は，コールバーグの法や規則の道徳判断よりも，早く発達するようであるとアイゼンバーグは述べている。上図は，日本でおこなわれた，向社会的な道徳判断の発達についての結果である。多少の違いはあるが，①－1は小学生にみられる段階，①－2も小学生に多い，③－aは中・高校生，④は高校生に多いという，アイゼンバーグの報告を支持するものである。

▶文献　ピアジェ　1957　大伴茂訳　1968　児童道徳判断の発達　同文書院

小学校2年生の分与（愛他）行動の年代別変化 （中里, 1985）

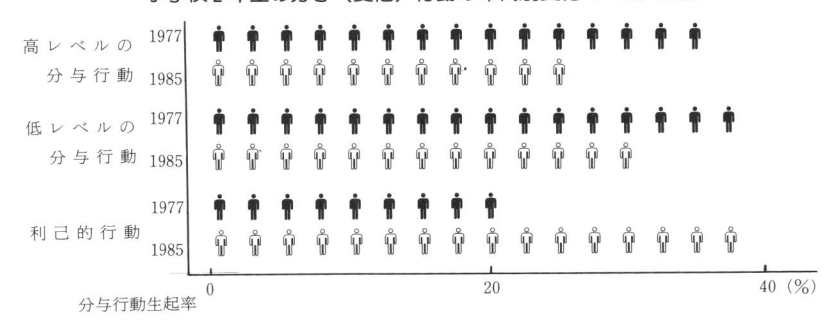

		0			20			40 (%)
高レベルの分与行動	1977							
	1985							
低レベルの分与行動	1977							
	1985							
利己的行動	1977							
	1985							

分与行動生起率

中学生が同級生や先生の入院見舞いに行く割合の経年変化 （ベネッセ研究所, 1999より作成）

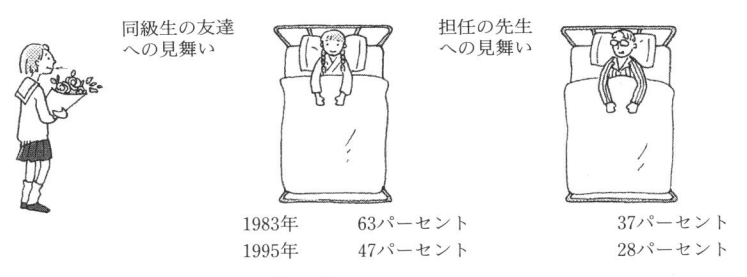

	同級生の友達への見舞い	担任の先生への見舞い
1983年	63パーセント	37パーセント
1995年	47パーセント	28パーセント

都会人だけが無関心？

向社会的行動とは、自らのことをかえりみず、他人のためにつくす行動である。その向社会的行動に関する研究が、最近、注目を浴びるようになった。発端となったのは、**キティ・ジェノヴィーズ事件**をはじめ、相次いで起こった残虐な事件での、都会人の他人に対する無関心な態度であった。都会に住む人たちが、小さな町に住む人たちよりもまわりの出来事に無関心であり、向社会的な行動の発生率も少ないことは、いくつかの実験でも確かめられている。しかし、都会人や大人だけでなく、最近、子どもたちの世界でも、しだいに他人に対する思いやりが、少なくなりつつあるように思える。中学生に入院見舞いの意志を聞いたところ、10年余の経年変化で、いずれも10パーセント以上の減少を示している。

キティ・ジェノヴィーズ事件：1979年、ニューヨークのアパート街の午前3時帰宅途中のキティ・ジェノヴィーズは、1人の暴漢に襲われた。彼女は、何度目かに刺されて死ぬまで30分以上も助けを求め続けた。38人もの人たちが、その場面を目撃していたが、誰1人助けようとしなかった

▶文献　ベネッセ教育研究所　1998　規範感覚の崩れ——高校生の価値観　教育アンケート調査年鑑1999　創育社

愛他行動の発達（Green ほか，1974の一部）

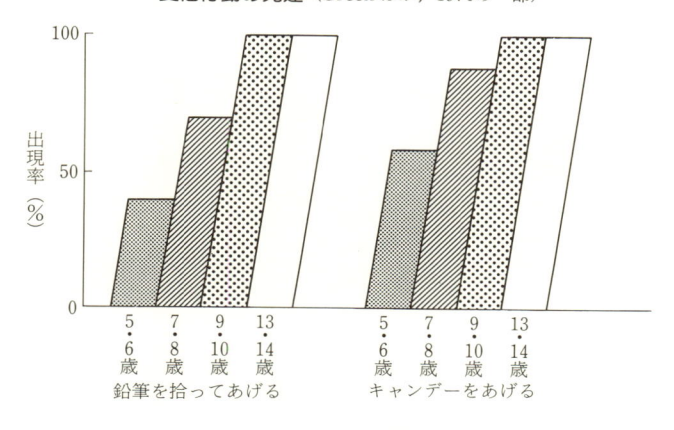

出現率（％）

鉛筆を拾ってあげる / キャンデーをあげる
5・6歳　7・8歳　9・10歳　13・14歳

子どもたちの愛他行動

なぐさめる 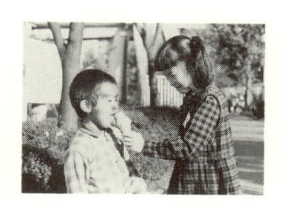　　　与える 　　　協力する

子どもって自分勝手？——向社会的行動の発達

　ピアジェは，子どもの本質を，自己中心性という言葉で表現している。たしかに，子どもたちは，自己の立場だけを考えた行動をとることが多い。動物をいじめたり，友達を傷つけたり，大人からみても残酷なことを平気で行ったりする。けれども，同時に，泣いている子をなぐさめたり，困っている子を手伝ってあげたりすることは，それほどめずらしいことではない。生後15〜18カ月にもなれば，おもちゃを他の子どもに貸すことも，かなりの頻度で可能になるという報告がある。向社会的な行動は，社会性や，認知能力等の発達とかかわるため，年齢とともに増加すると思われる（上図）。小さな子どもであっても，種々の**愛他行動**を発現している。

愛他行動：向社会的行動と同じように用いられることが多い。他者の利益のための，自己犠牲的な行動である

ニューヨークの街角で大学生が通行人に頼んだ要請の成功率（ラタネほか，1970より作成）

時間を教えて……85%　　道順を教えて……84%

25セントをくずして……73%　　名前を教えて……39%　　10セントをください……34%

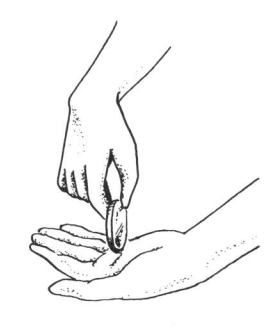

人はなぜ他の人を援助する

人は，なぜ他の人に対して，親切にするのだろうか。その第1は，人々は，お互いに助け合って暮らしており，困っている人を助けるのは，人として当然の責任だ，とする社会的責任の基準である。事実，自分の生命を賭けて，他人の生命を救った人の話が，報道されたりする。しかし，このような行動はそう多くない。それは，**コスト**が高くなれば，愛他的な行動は減少すると考えられるからである。第2に，援助されたから援助しかえす，という互恵の基準がある。これは，援助を受けたものが心理的な負債を負うことになり，それを解消するために生じると考えられる。第3は，過分に評価された人は，バランスをとるため他の人に返すという均衡の基準である。

コスト：同じ人であっても向社会的行動が生じるか，生じないかは，行動がもつ意義，必要性，相手の状態，など多くの認知的条件のほか，行動に伴うコスト（損失）の予測が大きな要因となる

▶文献　ラタネ・ダーリー　1970　竹村研一・杉崎和子訳　1977　冷淡な傍観者　ブレーン出版

14章 良い子，悪い子，普通の子

男子大学生3グループのなかで，作業中に隣室から漏れてた白煙を見て，それを知らせるために行動を起こした者の割合（Latanéほか，1968）
(1) 被検者ひとりきり (2) 親しくない被検者3人組
(3) 消極的な行動をとる2人（さくら）と組んだ被検者1人

(1) ひとりきり（24人）

(2) 3人組（8組）

(3) さくら2人と組んだ
　　被検者ひとり（10人）

　　　　　　　　　🯅 通報者　🯆 非通報者

大勢よりもひとり

　キティ・ジェノヴィーズ事件で，特に問題となったのは，38人もの目撃者がありながら，誰ひとりとして助けなかった点である。常識的に考えれば，目撃者が増えれば，助け手は増えると考えられるが，実際は逆に，ひとりの時の方が，援助はすみやかに行われることが，実験や観察によって確かめられている。これは**傍観者効果**と呼ばれ，自分以外の人がまわりにいると，①自分がしなくても，誰かがするだろう，という責任の分散，②自分以外の人の（消極的な）態度による影響の2つの理由により説明が可能である。また，援助を行わなかった人たちは，認知的な不協和を解消するため，本当のようには思えなかったなど，自己の認知を歪め，責任を回避する傾向が認められている。

傍観者効果：人の行動は，まわりに他者がいる時といない時とでは異なることが多く，まわりの人の影響で，行動が変わることをいう。傍観者効果には，行動を妨害する場合と促進する場合があるが，この場合は，行動の妨害効果をさしている

モデリングの効果 （Bryanほか，1967）

ロサンジェルスの郊外で，パンクした車のそばに，女性がたって援助を求めた。その際，(1)パンクした車の400メートルほど手前でも，別の車のパンクしたタイヤの交換を男性が手助けしている場面を設定し，それを見ながらドライバーが通りすぎるように条件を整えた。(2)そのような場面を設定しなかった。その結果，(1)の援助モデル条件では，(2)の非援助モデル条件に比べ，援助率は，1.6以上になった。

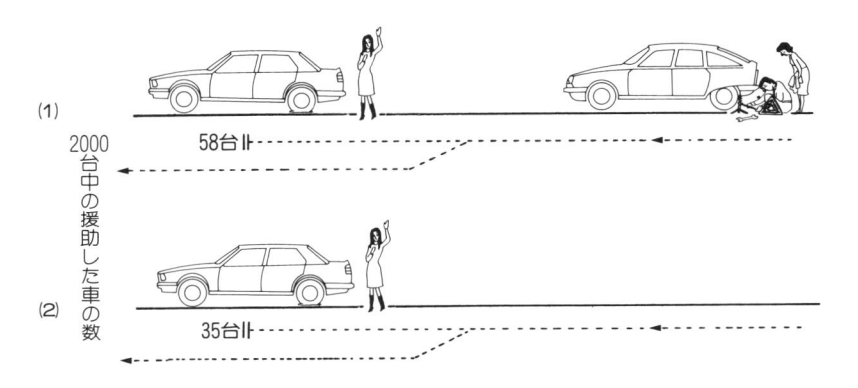

(1) 2000台中の援助した車の数　58台⊩

(2) 35台⊩

向社会性を育てる

モデリング：自分が直接経験しなくても，他者の行動を観察することによって，学習が成立する

道徳性の発達の項でも述べたように，向社会性の発達においても，種々の理論的アプローチが考えられる。そのなかでも影響の大きいものは，**モデリング**の効果であろう。特に，子どもにとって，両親の愛他的な行動と，子どもに対する態度は，子どもの向社会性の発達と密接に関係することが，多くの研究から明らかにされている。ホフマンは，体罰や脅しを用いる母親の子どもより，ほかの人が困るからいけませんと，他人への心遣いを見せる母親の子どものほうが，より愛他的であることを報告している。これは，他人への心遣いは，他人を常に意識し，他人に対する共感を生みだすことがその理由であろう。

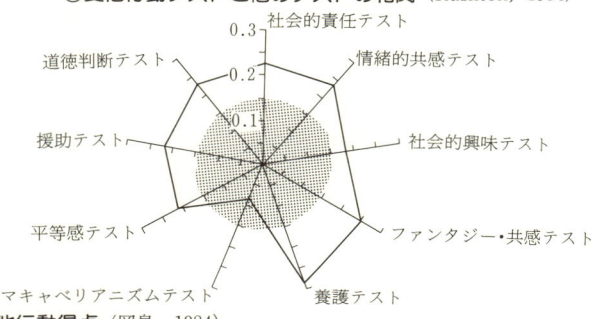

Ⓐ愛他行動テストと他のテストの相関 (Rushton, 1984)

Ⓑ内的統制者・外的統制者の愛他行動得点 (岡島, 1984)

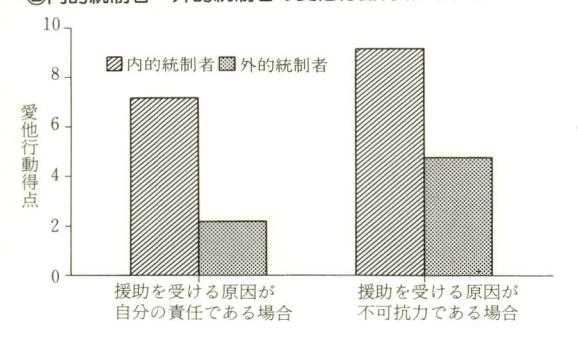

自信のある子はやさしい

向社会的行動と他の性格的要因との関係は，それほど明確なものではない（→Ⓐ）。しかし，そこには，いくつかの一貫した傾向があり，向社会的なパーソナリティというべきものが存在しているように思える。たとえば，自尊心の高い子どもや，幸福感を抱いている子どもはより利他的であった。**原因帰属**理論と向社会的行動との関連で，ある出来事の原因が，自分にあると考える傾向のある人を**内的統制者**と呼び，自分をとりまくものによって，自分の行動が決定されると考える人を**外的統制者**と呼ぶ。内的統制者は，自分の能力や行動に自信をもち，幸福感が強いため，自分以外の人のことまで配慮し，向社会的な行動が可能となる。それに対し，外的統制者は，良い自己概念をつくりだせず，自信がないため，他人を援助することが少ない（→Ⓑ）。

原因の帰属：行動の原因を知ると，その行動のもつ意味を理解したり，そのような行動をとった人間の性格や，特徴を推測することが可能になる

内的統制と外的統制：ワイナーらは，内的統制型の人は原因を「能力」または「努力」に，外的統制型の人は原因を「課題の困難さ」または「運」に帰属させると考え，ほかに，安定性，統制の可能性の次元を組み合わせたモデルを提唱している

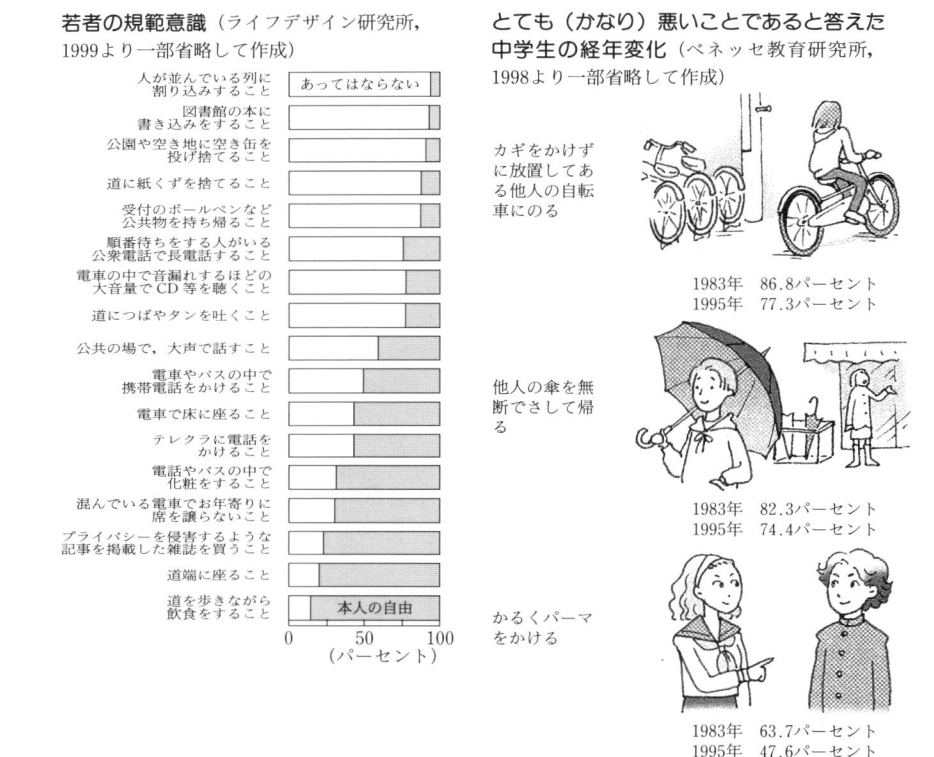

若者の規範意識（ライフデザイン研究所，1999より一部省略して作成）

人が並んでいる列に割り込みすること
図書館の本に書き込みをすること
公園や空き地に空き缶を投げ捨てること
道に紙くずを捨てること
受付のボールペンなど公共物を持ち帰ること
順番待ちをする人がいる公衆電話で長電話すること
電車の中で音漏れするほどの大音量でCD等を聴くこと
道につばやタンを吐くこと
公共の場で，大声で話すこと
電車やバスの中で携帯電話をかけること
電車で床に座ること
テレクラに電話をかけること
電車やバスの中で化粧をすること
混んでいる電車でお年寄りに席を譲らないこと
プライバシーを侵害するような記事を掲載した雑誌を買うこと
道端に座ること
道を歩きながら飲食をすること

あってはならない　／　本人の自由
0　50　100（パーセント）

とても（かなり）悪いことであると答えた中学生の経年変化（ベネッセ教育研究所，1998より一部省略して作成）

カギをかけずに放置してある他人の自転車にのる
1983年　86.8パーセント
1995年　77.3パーセント

他人の傘を無断でさして帰る
1983年　82.3パーセント
1995年　74.4パーセント

かるくパーマをかける
1983年　63.7パーセント
1995年　47.6パーセント

子どもたちのモラルは低下したか

　少子化現象が急速にすすむなか，人口比に占める青少年の逸脱行動は，1983年前後のピーク時から減少傾向をたどっていたが，95年頃から再び増加傾向を示している。不登校，いじめから学級崩壊へと学校を取りまく環境も年々厳しさを増している。喫煙，飲酒，万引きなど刑法に触れる行為のほか，授業中の私語，車内での携帯電話，道路での座り込みなど，迷惑行為も最近目につくことが多い。青年の規範意識を見れば，迷惑行為を許容する傾向は認められるものの，公共の規範意識は結構高い値を示しているのではないかと思われる。しかし，規範意識の経年変化を見ればわかるように，青年の善悪判断の基準は明らかに低下しつつある。

14章　良い子，悪い子，普通の子

父親・母親があげた，特に悪いと思う子どもの行為についての経年変化（NHK，1993より一部省略して作成）

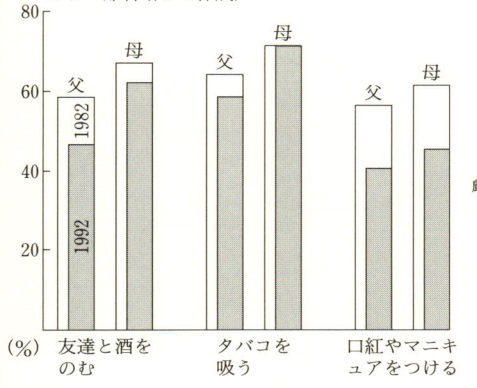

子どもの頃のしつけの厳しさと規範意識の高さ（ライフデザイン研究所，1999より作成）

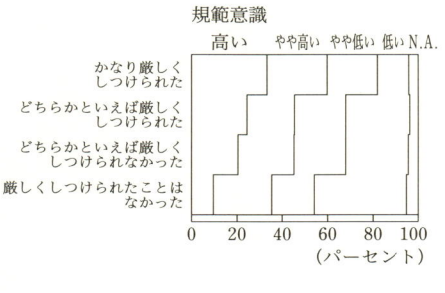

　では，こうした規範意識の低下にはどのような原因が考えられるのか。ひとつは家庭の機能の変化である。それには，親自身の規範意識の低下と，家庭での子どもに対するしつけ機能の低下が考えられる。「子どもの悪い行為」として，飲酒，喫煙，パーマをあげる中・高校生の親の割合は，1982年から92年の間に大きく減っている。また，厳しくしつけられた子どもの規範意識は，しつけられなかった子どもの規範意識よりも高く，規範意識や，善悪の判断の発達における家庭の機能の重要性が考えられる。次に，「たとえ他人に迷惑をかけるようなことがあっても権利は権利として主張していきたい」と答えた，16から19歳までの青年たちは，1985年の21.6パーセントから96年の37.5パーセントへと大幅な増加を示している（日本の生活価値観調査）。このように，他人の迷惑をかえりみることの少なくなった最近の青少年の価値観の変化も，規範意識の低下の原因のひとつであると考えられる。

▶**文献**　生命保険文化センター　1996　第4回日本の生活価値観調査　総務庁青少年対策本部編　1999　青少年白書平成10年度版　大蔵省印刷局

いじめられているのを見た時の対応
（総務庁，1997より一部省略して作成）

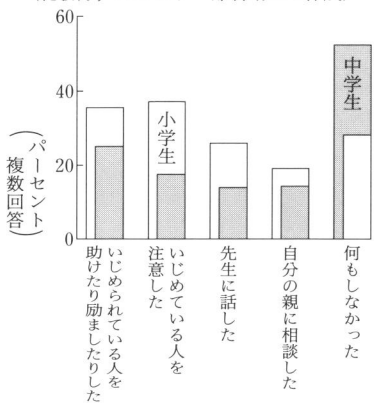

いじめられた時の対応
（総務庁，1997より一部省略して作成）

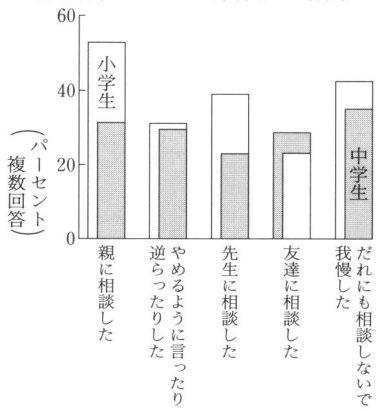

（横軸項目：いじめられている人を助けたり励ましたりした／いじめている人を注意した／先生に話した／自分の親に相談した／何もしなかった）

（横軸項目：親に相談した／やめるように言ったり逆らったりした／先生に相談した／友達に相談した／だれにも相談しないで我慢した）

いじめを見ても知らん顔

　全国の少・中・高・特殊教育諸学校のいじめの発生件数は42,790件（1997年度）であった。減少傾向が見られつつあるとはいえ，いじめは教育現場における今日的課題である。いじめの多くは学校現場において発現されている。学級内のいじめ問題を考えていく時の重要なポイントは，加害者の問題もさることながら，いじめを見過ごし，行動を起こさない傍観者の存在である。森田はこの傍観者を「加害者のいじめ行動を消極的に承認し，いじめ行動を促進する役割を担う存在」として位置づけている。いじめを見たときの対応では，なにもしなかった子どもの割合が最も多い。特に，小学生よりも中学生にこうした傾向が強く，かかわり合いになりたくない意識が強く働いている。また，先生に話した中学生は小学生の半分しかいない。同じく，自分がいじめられた時の反応でも，先生に相談した中学生は小学生の半分弱にすぎない。学校における先生と生徒との関係が，いじめを克服する重要な要因のひとつであるかもしれない。

▶文献　森田洋司　1995　いじめ問題と不登校　稲村博・斎藤友紀雄編　現代のエスプリ別冊　いじめ自殺　至文堂　159-170.
　総務庁行政観察局　1997　いじめ・登校拒否・校内暴力　問題に関するアンケート調査　総務庁青少年対策本部編　1999　青少年白書平成10年度版　大蔵省印刷局

15章　発達のつまずき
■発達の理論と障害

いろいろな発達障害
いろいろな問題行動
問題をもった子どものいろいろな治療法
なにが登校拒否児を生み出すのか
叱ってもいうことを聞かないのはあたりまえ
心の健康と発達のために

教育分類による心身障害の程度および児童・生徒数の状況
（日本知的障害福祉連盟編，1999より）

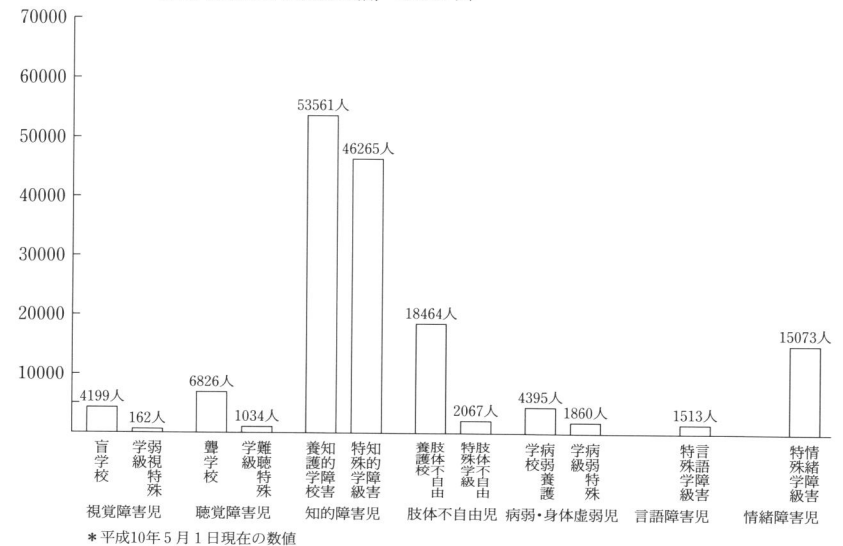

分類	学校/学級	人数
視覚障害児	盲学校	4199人
視覚障害児	弱視特殊学級	162人
聴覚障害児	聾学校	6826人
聴覚障害児	難聴特殊学級	1034人
知的障害児	養護学校知的障害	53561人
知的障害児	特殊学級知的障害	46265人
肢体不自由児	養護学校肢体不自由	18464人
肢体不自由児	特殊学級肢体不自由	2067人
病弱・身体虚弱児	養護学校病弱	4395人
病弱・身体虚弱児	特殊学級病弱	1860人
言語障害児	特殊学級言語障害	1513人
情緒障害児	特殊学級情緒障害	15073人

＊平成10年5月1日現在の数値

発達障害：出生直後の乳児期，幼児期さらには児童期にいたる発達期において，子どもの精神・身体面における発達の遅滞とか歪みなど非一過性の問題が存在しているような状態をさし，精神遅滞や感覚障害，運動障害などあらゆる問題を含む。PDD，SDDの他ADHDも発達障害に含められることが多い

いろいろな発達障害

　発達障害の分類は，その状態が非常に複雑で多様な様相を呈していることから，一義的に分類することは困難で，さまざまな分野でいろいろ分類の仕方がなされている。そこでここでは上図のように便宜的に，一般的用語によって使われている教育分野の分類，すなわち視覚障害，聴覚障害，**知的障害**，肢体不自由，病弱・身体虚弱，言語障害，情緒障害のように示した。また上図には，特殊教育諸学校（盲学校・聾学校・養護学校），および特殊学級に在籍している児

主訴別教育相談件数 (東京都立教育研究所相談部, 1995)

平成6年度	来所相談		電話相談	
登校拒否	326	63.3%	496	26.1%
非行及び同傾向	47	91.1%	114	6.0%
内気・消極的・孤独・いじめ	25	4.9%	191	10.0%
神経症・同疑	14	2.7%	45	2.4%
友人関係・授業態度	12	2.3%	23	1.2%
家庭内暴力	9	1.7%	29	1.5%
精神病・同疑	9	1.7%	19	1.0%
転校	8	1.6%	102	5.4%
反抗的	8	1.6%	21	1.1%
怠学	6	1.2%	22	1.2%
知的障害	6	1.2%	14	0.7%
学校選択	5	1.0%	99	5.2%
しつけ・育て方	2	0.4%	126	6.6%
一般進路	1	0.2%	52	2.7%
学校・教師との関係	0	0.0%	116	6.1%
その他	37	7.2%	432	22.7%
計	515	100.1%	1,901	99.9%

童生徒数についても合わせて示してある。発達障害の中で知的障害児が，全体の6割以上を占め最も多いことがみられる。

　情緒的に，障害をうけた子どものもつ症状について，たとえば，東京都立教育研究所相談部が1年間に取り扱った相談を主訴別にみると，登校拒否，非行，いじめなどの多いことがうかがわれ，環境側の問題の影響について教育上や社会的な問題として，考えられなければならないことを意味している。高野による情緒障害発生の図をつぎの頁の上に示した。

知的障害：1998年の法改正で，教育・福祉の分野でも「精神薄弱」に代わり，「知的障害」が使用されることになった

▶文献　内山喜久雄編著　1996　臨床教育相談学　金子書房

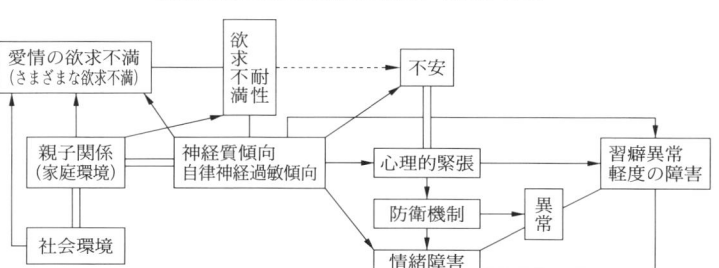

情緒的障害発生の原因と誘因（高野，1973）

```
━━━ 密接な関係あり
――― 関係あり
――→ 影響の方向
‥‥→ 生起する可能性あり
```

図中の要素：愛情の欲求不満（さまざまな欲求不満）、欲求不耐満性、不安、親子関係（家庭環境）、神経質傾向 自律神経過敏傾向、心理的緊張、習癖異常 軽度の障害、社会環境、防衛機制、異常、情緒障害 行動問題

いろいろな問題行動

　問題行動とは，何らかの原因によって，子どもの発達途上において，その行動上にあるいは社会適応上に問題を示す状態をさす。このような問題行動の背景には，さまざまな欲求不満のうち親子関係を中心とした環境的な原因が問題行動の出現に大きな影響を及ぼしているとされている。したがって，精神的，身体的な障害や発達の遅れが存在していても，周囲の受け入れ方によって，**社会的不適応**や問題行動は出現しない。

　問題行動は，大きく非社会的問題行動と反社会的問題行動に分けられる。前者は，対人的社会的接触を避けようとする行動をさし，登校拒否，緘黙，ひっ込み思案，孤独，自殺などに代表されるように，人とうまくかかわりがもてない行動を示すものである。一方，後者は，その社会が認めている規則，法律，慣習などの規範に反する行動をさし，暴行，傷害，非行，怠学，いじめなどの行動が含まれる。

▶**文献**　高野清純　1973　神経性習癖児　黎明書房

遊戯療法の種類 （高野・林, 1975）

遊戯療法の種類
- 個人自由遊戯法……子どもひとりを対象にいろいろの遊具で自由に遊ばせる，もっとも一般的な方法。
- 人形遊戯法……家族人形と家具を用いる。家庭内の人間関係の調整に役立つ。
- 指絵遊び法……絵の具，紙などを用いて，指絵を描かせ，子どもの空想などを表出させる。
- 積み木遊び法……破壊的な遊びから構成的，創造的遊びまで幅広い行動が観察される。
- 水遊び法……攻撃性の吐け口として，非社会性児には自信と活発な遊びを引き出し，落ち着きのない子には鎮静的効果をもたらす。
- 粘土遊び法……創造の喜びを体験し，自信を強め，外界へ積極的に働きかける端緒をもたらす。
- 集団遊戯法……集団の大きさは4，5名がよいとされる。子どもの相互関係によって治療が促進される。

登校拒否発生の機序モデル （稲垣ほか, 2000）

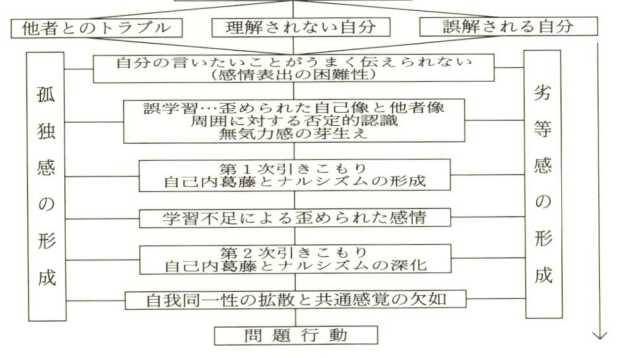

日常生活での様々な体験
- 他者とのトラブル／理解されない自分／誤解される自分

孤独感の形成 ／ 劣等感の形成

- 自分の言いたいことがうまく伝えられない（感情表出の困難性）
- 誤学習…歪められた自己像と他者像 周囲に対する否定的認識 無気力感の芽生え
- 第1次引きこもり 自己内葛藤とナルシズムの形成
- 学習不足による歪められた感情
- 第2次引きこもり 自己内葛藤とナルシズムの深化
- 自我同一性の拡散と共通感覚の欠如

問題行動

問題をもった子どものいろいろな治療法

　行動上の問題をもった子どもや発達になんらかの障害をもった子どもに対する治療法として，両親の指導の問題を中心とした環境調整と子どもの心や行動への働きかけによる心理療法がある。問題行動への治療には心理療法が用いられるが，さまざまな立場がある。代表的なものとして，①遊戯療法，②行動療法，③絵画療法・箱庭療法，④カウンセリング，⑤家族療法，⑥催眠療法などがあげられる。高野が「子どもの遊びがそのまま治療的機能を有する」ということから遊戯療法が有効で一般的に多く用いられている。上表では高野らによる遊戯療法の種類を示した。また，下図は登校拒否の発生機序について示した例である。

▶文献　稲垣應顕・犬塚文雄編著　2000　わかりやすい生徒指導論　文化書房博文社
　　　　高野清純・林邦雄　1975　図説児童心理学事典　学苑社

登校拒否児童・生徒数の推移（文部省初等中等教育局，1992）

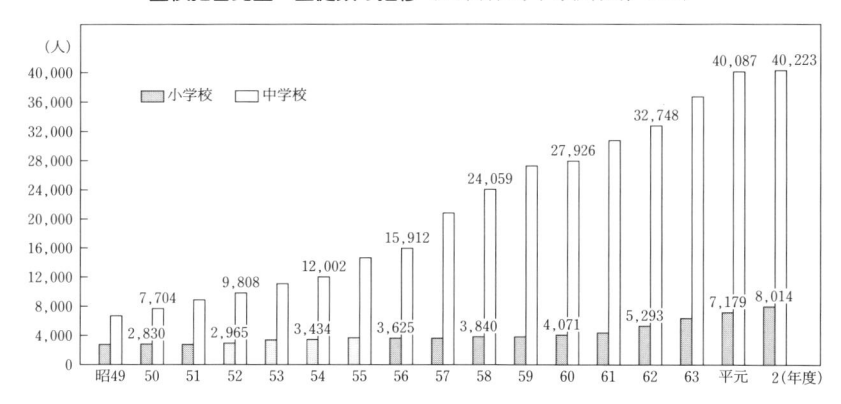

理由別長期欠席者数（文部省大臣官房調査統計企画課，1992）

(人)

区分		30日以上					左記のうち50日以上（再掲）				
		計	病気	経済的理由	学校ぎらい	その他	計	病気	経済的理由	学校ぎらい	その他
小学校	計	65,230	44,705	147	12,637	7,741	29,832	15,265	89	9,645	4,833
	国立	46	32	—	5	9	25	16	—	4	5
	公立	64,991	44,514	146	12,620	7,711	29,727	15,193	89	9,633	4,812
	私立	193	159	1	12	21	80	56	—	8	16
中学校	計	103,081	34,700	659	54,112	13,610	71,844	17,357	517	43,711	10,259
	国立	100	48	—	40	12	69	26	—	34	9
	公立	102,046	34,126	653	53,837	13,430	71,209	17,056	512	43,510	10,131
	私立	935	526	6	235	168	566	275	5	167	119

（注）「長期欠席者」とは，平成3年4月1日から平成4年3月31日までに，30日以上欠席した児童・生徒をいう。

なにが登校拒否児を生み出すのか

登校拒否の児童・生徒数は，上図のように，毎年増加している。

登校拒否の原因としては，いろいろなことが考えられるが，中山は登校拒否に関する論文を分類して，①分離不安説，②自己万能観脅威説，③回避反応説，④アピール説，⑤両性葛藤説，⑥抑うつ説などをあげている。それについて，登校拒否である長期欠席の理由としての学校ぎらいは，下の表に示すように小学校よりも中学校で多くなる。

▶**文献** 中山巌編著 1995 教育相談の心理ハンドブック 北大路書房

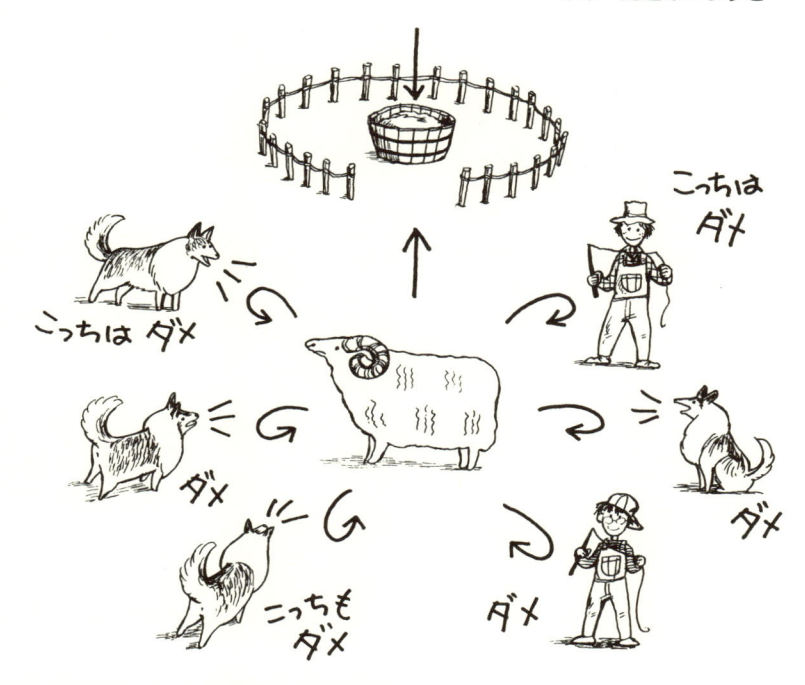

叱ってもいうことを聞かないのはあたりまえ

　子どもに何か行動を育成するためには，負の**強化**の手続きである叱ることや罰だけではとても大変なことである。何か指導したい行動を育てるには，正の強化の手続きであるほめたり，ごほうびによるはげますやり方が適用しやすく，有効であることが多い。

　それはちょうど図のように，問題行動の方向にいこうとする者に罰を与えると，望ましい方向である柵の中には入らないで，他の方向へ逃げていってしまうことからも理解される。これは子どもを叱ってもある問題行動をやめると他の問題行動を引き起こすということを意味している。したがって，負の強化の手続きである罰や制止は特定の行動をやめさせることはできても，望ましい行動の育成につながるとはかぎらないのである。

強化：学習を刺激と反応の結合として考えた時，その結合の確率を高めるもの。すなわち，行動の結果から，つぎのその行動が生ずる率が高くなる時，その結果をいう

▶文献　川島一夫　1990　学級での子どもの心の健康を理解するために　筒井健雄編　子どもと大人の心の健康　信教出版

健康の成立要因（田中，1985）

① 遺伝的要素
② 身体的防衛力・適応能力
③ 身体的行動体力
④ 精神機能の安定化
⑤ 健康についての信念体系・行動能力
⑥ 健康な生活体系(衣・食・住・余暇・労働・スポーツなど)
⑦ 社会的役割の達成能力

「存在性」の構造（内山・高野，1977）

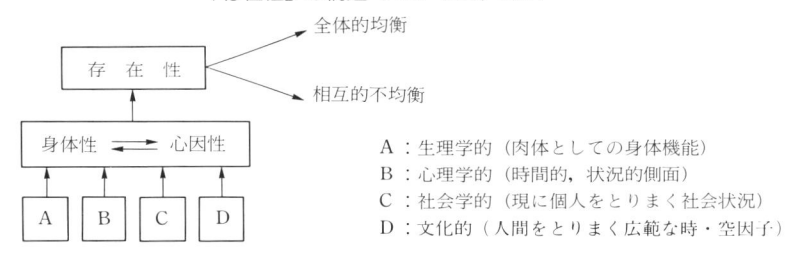

存在性 → 全体的均衡
存在性 → 相互的不均衡
身体性 ⇄ 心因性
A, B, C, D

A：生理学的（肉体としての身体機能）
B：心理学的（時間的,状況的側面）
C：社会学的（現に個人をとりまく社会状況）
D：文化的（人間をとりまく広範な時・空因子）

心の健康と発達のために

世界保健機構：1948年4月に発足した国連専門機関。世界のすべての人々が，最高水準の健康を維持できるようにすることを目的とし，伝染病撲滅や保健システムの強化などを行ってきた。77年の総会で「西暦2000年までにすべての人に健康を」を最優先目標として打ち出している。

　世界保健機構（WHO）は，健康を「単に疾病，あるいは虚弱でないばかりか，身体的，精神的，社会的によい状態」と健康憲章に規定している。このことは身体と精神，つまり心とは密接に関係しあっており，健康には身体と精神の両面が考慮されなければないない。現実の生活においてこの両面が統合し，日々の生活によろこびを感じ，意欲的に行動していく状態が健康であるといえる。田中は健康を成立させる7つの条件を上表のように示している。すべての条件に問題がなくともすべてを統合した状態でないかぎり健康は成立しないとしている。また岩井は上図のように「存在性」が全体的均衡であるとき人間は「健康」であり，相互的不均衡つまり，身体的病的あるいは，心理的に問題があると均衡がくずれ，不健康であるとしている。

▶文献　田中恒男　1985　健康の生態学　大修館書店

引用文献

1章
バウアー　1979　鯨岡　峻訳　1982　ヒューマン・ディベロプメント　ミネルヴァ書房
Draper, T. (Ed.) 1987 *How They Grow : Concepts in Child Development and Parenting.* Cambridge University Press.
Hoffman, L., Paris, S. & Hall, E. 1988 *Developmental psychology today* (5th ed.). McGraw-Hill.
南　博監訳・藤永　保訳　1976　人間性の発達（図説現代の心理学2）　講談社
NHK取材班　1994　脳と心5　NHK出版
齋藤　勇編　1989　欲求心理学トピックス　誠信書房
Smith, J. & Baltes, P.B. Life-Span Development. In M.H. Bornstein & M.E. Lamb (Eds.), *Developmental psychology,* Lawrence Erlbaum Associate, Inc.
田島信元・西野泰広・矢澤圭介編　1985　子どもの発達心理学　福村出版

2章
Bower, T.G.R. *et al.* 1970 Demonstration of intention in the reaching behavior of neonate humans. *Nature,* **228**, No.5272.
バウアー　1974　岡本夏木ほか訳　1979　乳児の世界　ミネルヴァ書房
バウアー　1979　鯨岡　峻訳　1982　ヒューマン・ディベロプメント　ミネルヴァ書房
ブライアント　1974　小林芳郎訳　1977　子どもの認知機能の発達　協同出版
Duncan, H.F. *et al.* 1973 *A study of pictorial perception among Bantu and white primary school children in South Africa.* Witwatersrand Univ. Press.
Fantz, R.L. 1961 The origin of form perception. *Scientific American,* **204**, 66-72.
Gibson, E.J. & Walk, R.D. 1960 The "visual cliff". *Scientific American,* **202**, 64-71.
ギブソン　1979　古崎　敬ほか訳　1985　生態学的視覚論　サイエンス社
Hudson, W. 1960 Pictorial depth perception in subcultural group in Africa. *Journal of Social Psychology,* **52**, 183-208.
小林隆児　1982　言語障害像からみた年長自閉症者に関する精神病理学的考察　児童精神医学とその近接領域　**23**(4)，235-260.
Lorna Selfe 1977 *Nadia — a case of extraordinary drawing ability in an autistic child.* Academic Press.
リュケ　1927　須賀哲夫監訳　1979　子どもの絵　金子書房
Maurer, D. 1985 Infants' Perception of facedness. In T.M. Field & N.A. Fox (eds.), *Social perception in infants.* Ablex.
Melzoff, A.N. & Borton, R.W. 1979 Intermodel matching by human neonates. *Nature,* **282**, 403-404.
Rock, I. 1975 *An introduction to perception.* Macmillan.
Salapatek, P. 1975 Pattern perception in early infancy. In L.B. Cohen & P. Salapatek (eds.), *Infant perception : From sensation to cognition I.* Academic Press.
髙橋直子　1974　乳児の微笑反応についての縦断的研究　心理学研究　**45**，256-267.

3章
Gesell, A. & Thonpson. H. 1929 Leaning and growth in identical infant twins : An experimental study by the method of co-twin control. *Genet. Psychol. Monogr.,* **6**, 1-124.

Halverson, H.M. 1931 An experimental study of prehension in infants by means of systematic cinema records. *Genet. Psychol. Monogr.,* **10**, 108-286.
波多野完治編　1965　ピアジェの発達心理学　国土社
Hilgard, J.R. 1933 The effect of early and delayed practice on memory and motor performances studied by the method of co-twin control. *Genet. Psychol. Monogr.,* **14**, 493-567.
Jackson, C.M. 1929 Some aspects of form and growth. In Robbinsons, W.J., Brody, S., Hogan, A.F., Jacksons, C.M. & Green, C.W. (eds.) *Growth.* Yale Univ. Press.
厚生省保健医療局　2000　国民栄養白書　第一出版
文部省　2000　平成11年度学校保健統計調査報告書　大蔵省印刷局
文部省体育局　1999　平成10年度体力・運動能力調査　文部省体育局
日本総合愛育研究所編　1996　日本子ども資料年鑑第5巻　TKC中央出版
日本総合愛育研究所編　1998　日本子ども資料年鑑第6巻　TKC中央出版
日本子どもを守る会編　1996　子ども白書・1996年版　草土文化
落合　優・橘川真彦　1981　幼児の手先の技能の発達　横浜国立大学教育紀要　**21**, 21-36.
Reynolds, E.L. & Wines, J.V. 1951 Physical changes associated with adolescence in boys. *Ame. J. Dis. Child.,* **82**, 529-547.
Scammon, R.E. 1930 The Measurement of the Body in Childhood. In Harris, J.A., Jackson, C.M., Paterson, D.G. & Scammon, M. *Measurement of Man.* Univ. of Minnesota Press.
Shirley, M.M. 1961 The First Two Years. *Institude Child Welf. Monogr.,* **7**, Univ. of Minnesota Press.
総務庁青少年対策本部　2000　青少年白書（平成11年版）　大蔵省印刷局

4章

Ekman, P. 1973 *Darwin and facial expression: A century of research in review.* Academic Press.
Field, T.M., Woodson, R., Greenberd, R. and Cohen, D. 1982 Discrimination and imitation of facial expressions by neonates. *Science,* **218**, 179-181.
Hoffman, M.L. 1981 The development of empathy. In J.P. Rushton and R.M. Sorrentino (Eds.), *Altruism and helping behavior: Social personality, and developmental perspectives.* Lawrence Erlbaum Associates. pp.41-64.
池上喜美子　1984　乳児期初期における舌出し模倣に関する刺激要因の検討　教育心理学研究，**32**, 29-39.
Izard, C.E. 1979 *The maximally discriminative facial movement coding system (MAX).* Instructional Resource Center, University of Delaware.
Izard, C.E., Dougherty, L.M., and Hembree, T.E. 1980 *A system for identifying affect expressions by hollistic judgment (AFFEX).* Instructional Resource Center, University of Delaware.
宮本美沙子ほか　1991　情緒と動機づけの発達（新・児童心理学講座7）　金子書房
Plutchik, R. 1980 *Emotion: A psychoevolutionary synthesis.* Harper and Row.
Saarni, C. 1990 Emotional competence: How emotions and relationships become integrated. In R.A. Thompson (Ed.), *Socioemotional development: Nebraska symposium on motivation, 1988.* University of Nebraska Press. pp.115-182.
首藤敏元　1994　幼児・児童の愛他行動を規定する共感と感情予期の役割　風間書房
Thompson, G.G. 1952 *Child psychology.* Moughton Mifflin.

5章

Freeman, N.H. 1972 Intellectual realism in children's drawings of a familar object with distinctive features. *Child Development,* **43**, 1116-1972.

Harris, P.L. et al. 1986 Children's understanding of the distinction between real and apparent emotion. *Child Development,* **57**. 895-909.

波多野完治編　1965　ピアジェの発達心理学　国土社

堀内　敏　1967　疑問の発達　滝沢武久編　講座現代思考心理学2　明治図書

勝井　晃　1968　方向概念の発達的研究　教育心理学研究　**16**, 42-49.

Labinowicz, E. 1980 The Piaget Primer Addison-Wesley. （野呂　正より）

宮本美沙子ほか　1967　児童の生命の概念とその手がかり　教育心理学研究　**15**, 85-91.

日本保育学会編　1970　日本の幼児の精神発達　フレーベル館

野呂　正　1983　思考の発達　野呂　正編　幼児心理学　朝倉書店

澤田忠幸　1997　幼児における他者の見かけの感情の理解の発達　教育心理学研究　**45**, 416-425

田中義和　1977　幼児の描画における表現手段の発達的研究　日本教育心理学会第19回総会発表論文集

寺田ひろ子　1975　発達の過程　心理科学研究会編　児童心理学試論　三和書房

Zeaman, J. & Garber, J. 1996 Display Rules for Anger, Sadness, and Pain : It Depends on Who Is Watching. *Child Development,* **67**, 957-973.

6章

Anders, T.R., Fozard, J.L. & Lillyquist, T.D. 1972 Effects of age upon retrieval from short-term memory. *Developmental Psychology,* **6**, 214-217.

Elkind, D. 1961 Quantity conceptions in junior and senior high school students. *Child Development,* **32**, 551-560.

フラベル　1963　岸本弘ほか訳　1969　ピアジェ心理学入門（上）　明治図書

波多野完治監修　1982　ピアジェ派心理学の発展Ⅱ　国土社

Inhelder, B. & Piaget, J. 1958 *The Growth of Logical Thinking from Childhood to Adolescence.* Routledge & Kagan Paul.

Johnson-Laird, P.N. & Wason, P.C. 1977 A Theoretical analysis of insight into a reasoning task. In P.N. Johnson-Laird and P.C. Wason (Eds.) *Thinking.* Cambridge University Press.

Kaiser, M.K., McCloskey, M. & Proffitt, D.R. 1986 Development of intuitive theories of motion. *Developmental Psychology,* **22**, 67-71.

国宗　進・熊倉啓之　1996　文字式についての理解の水準に関する研究　数学教育学論究　**65・66**, 35-55.

楠見　孝　1995　青年期の認知発達と知識獲得　落合良行・楠見　孝編　自己への問い直し青年期（講座生涯発達心理学4）　金子書房

McCloskey, M., Washburn, A. & Felch, L. 1983 Intuitive physics : The straight-down belief and its origin. *Journal of Experimental Psychology : Learning, Memory, and Cognition,* **9**(4), 636-649.

村山　功　1989　自然科学の理解　鈴木広昭ほか　教科理解の認知心理学　新曜社

Protinsky, H. & Hughston, G. 1978 Conservation in elderly males : An empirical investigation. *Developmental Psychology,* **14**, 114.

三宮真智子　1996　思考におけるメタ認知と注意　市川伸一編　思考（認知心理学4）　東京大学出版会

サントロック　1985　今泉信人ほか訳　1992　成人発達とエイジング　北大路書房

Tomlinson-Keasey, C. 1972 Formal operations in females from eleven to fifty-four

years of age. *Developmental Psychology,* **6**, 364.
上野直樹　1982　形式的推理における型と内容　波多野完治監修　ピアジェ派心理学の発展Ⅱ　国土社
Wason, P.C. & Johnson-Laird, P.N.　1972　*Psychology of reasoning/Structure and Content.* Batsford.

7章

東　洋　1994　日本人のしつけと教育――発達の日米比較にもとづいて（シリーズ人間の発達12）　東京大学出版会
東　洋・柏木惠子・ヘス，R.D.　1981　母親の態度行動と子どもの知的発達――日米比較研究　東京大学出版会
坂東眞理子　1998　図でみる日本の女性データバンク〔三訂版〕　大蔵省印刷局
Bowlby, J.　1976　黒田実郎ほか訳　1991　愛着行動（母子関係の理論Ⅰ）　岩崎学術出版社
Fernald, A. & Morikawa, H.　1993　Common Themes and Cultural Variations in Japanese and American Mothers' Speech to Infants. *Child Developmant,* **64**. 637-656.
グドール　1990　伊谷純一郎ほか訳　1994　心の窓――チンパンジーとの30年　どうぶつ社
花沢成一・松浦　純　1986　男女青年における対児感情と乳児接触経験との関係　日本教育心理学会第28回総会発表論文集，pp.356-357.
繁多　進　1987　愛着の発達（現代心理学ブックス78）　大日本図書
Harlow, H.F.　1958　The nature of love. *American Psychologist,* **13**, 673-685.
柏木惠子・若松素子　1994　「親になる」ことによる人格発達：生涯発達的観点から親を研究する試み　発達心理学研究　**5**(1)，72-83.
Lamb, M.E.(Ed.)　1976　*The Role of the Father in Child Development.* John Wiley.
松沢哲郎　2000　チンパンジーの心　岩波書店
宮本美沙子　1978　子どもの発達における父親の役割（要約紹介）　母子研究　**1**，153-165.
無藤　隆・久保ゆかり・遠藤利彦　1995　発達心理学（現代心理学入門2）　岩波書店
ＮＨＫ放送文化研究所　2000　現代日本人の意識構造〔第5版〕　NHKブックス880
日本子どもを守る会編　2000　子ども白書・2000年版　草土文化
鈴木乙史　1990　母子家庭の心理学的研究――その問題点と今後の展望　母子研究　**10**，31-40.

8章

Asch, S.E.　1951　Effects of group pressure upon the modificaion and distortion of judgments. In H.Guetzkow (Ed.) *Groups, leadership and men.* Carnegie Press.
Barenboim, C.　1981　The development of person perception in childhood and adlescence : From behavioral comparisons to psychological constructs to psychological comparisons. *Child Development,* **52**, 129-144.
Eckerman, C.O., Whatley, J.L. & Kutz, S.L.　1975　Growth of social play with peers during the second year of life. *Developmental Psychology,* **11**, 42-49.
藤原正光　1976　同調性の発達的変化に関する実験的研究：同調性におよぼす仲間・教師・母親からの集団的圧力の効果　心理学研究　**47**，193-201.
井上忠典・佐々木雄二　1992　大学生における自我同一性と分離個体化の関連について　筑波大学心理学研究　**14**，159-169.
増田敦子　1982　教師及び友人の意見聴取が児童の道徳的判断におよぼす影響（卒業論文：筑波大学）
日本青少年研究所　1984　第2回日米小学生調査報告書　日本青少年研究所
落合良行・佐藤有耕　1996　青年期における友達とのつきあい方の発達的変化　教育心理学研

究　**44**, 55-65.
大橋正夫ほか　1982　中学生の対人関係に関する追跡的研究　名古屋大学教育学部紀要（教育心理学科）**12**.
Peevers, B.H. & Secord, P.F.　1973　Developmental changes in attribution of descriptive concepts to persons. *Journal of Personality and Social Psychology,* **27**, 120-128.
Rholes, W.S. & Ruble, D.N.　1984　Children's understanding of dispositional characteristics of others. *Child Development,* **55**, 550-560.
Rogers, C.M., Smith, M.D. & Coleman, J.M.　1978　Social comparison in the classroom: The relationship between academic achievement and self-concept. *Journal of Educational Psychology,* **70**, 50-57.
Schunk, D.H., Hanson, A.R. & Cox, P.D.　1987　Peer-model attributes and children's achievement behaviors. *Journal of Personality and Social Psychology,* **79**, 54-61.
田中祐次　1981　友人関係（児童青年心理研究会　現代青少年の人間関係　伊藤忠記念財団）
東京都生活文化局　1981　大都市における児童・生徒の生活・価値観に関する調査（第2回東京都子ども基本調査報告書）　東京都生活文化局
東京都生活文化局　1983　大都市における児童・生徒の生活・価値観に関する調査（第3回東京都子ども基本調査報告書）　東京都生活文化局
上野行良ほか　1994　青年期の交友関係における同調と心理的距離　教育心理学研究　**42**, 21-28.

9章

ビネー・シモン　1906　中野善達ほか訳　1982　知能の発達と評価　福村出版
Glasser, A.J. & Zimmerman, I.L. 1970　*Clinical Interpretation of the Wechsler Intelligence Scale for Children* (WISC). Grune & Stratton.
Guilford, J.P., 1959　Three faces of intellect. *American Psychologist,* **14**, 469-479.
波多野完治編　1965　ピアジェの発達心理学　国土社
Jensen, A.R.　1968　Social Class, rase and genetics : Implication for education. *American Educational Research Journal,* **5**, 1-41.
上出弘之・伊藤隆二　1972　知能　有斐閣
カウフマン　1979　中塚善次郎ほか訳　1983　WISC-Rによる知能診断　日本文化科学社
小出　進・加藤安雄編　1975　知能　明治図書
岡堂哲雄編　1975　心理検査学　垣内出版
オレロン　1972　中野善達ほか訳　1983　言語と知的発達　福村出版
シング　1942　中野善達ほか訳　1977　狼に育てられた子　福村出版
Spearman, C.E.　1927　*The Abilities of Man.* Macmillan.
鈴木　治　1965　思考の発達と学習　学芸図書
Terman, L.M. & Merrill, M.A.　1937　*Measuring intelligence.* Houghton.
Thurston, L.L. & Thurston, T.G.　1941　*Factorial studies of intelligense.* Univ. of Chicago Press.
Vernon, P.E.　1950　*The structure of human abilities.* John Willey & Sons.
ヴィゴツキー　1956　柴田義松訳　1963　思考と言語（上・下）　明治図書

10章

アダムソン　1999　乳児のコミュニケーション発達——ことばが獲得されるまで　大藪　泰・田中みどり共訳　川島書店
Bates, E. *et al.* 1983　Names, gestures, and objects. In K.E. Nelson (Ed.), *Children's language, Vol.4.* Lawrence Erlbaum Associates.
Braunwald, S.R.　1978　Context, word and meaning. In A.Lock (Ed.), *Action, gesture*

and symbol. Academic Press.

Carey, S. 1997 Do constraints on word meanings reflect prelinguistic cognitive architecture? (認知科学 **4**, 35-58.)

Cater, A.L. 1978 From sensori-motor vocalization to words. In A. Lock (Ed.), *Action, gesture and symbol.* Academic Press.

Clark, E.V. 1973 What in a word? In T.E. Moore (Ed.), *Cognitive development and the acquisition of language.* Academic Press.

Clark, E.V. 1978 Awareness of language. In A. Sinclair *et al.* (Eds.), *The child's conception of language.* Springer-Verlag.

江尻佳子 1999 わが国の最近1年間における教育心理学の研究動向と展望——発達部門（乳・幼児期）；言語発達・認知発達研究の動向と今後の課題 教育心理学年報 **38**, 35-50.

Gertner, D. & Medira, J. 1997 Comparison and the development of cognition and language. (認知科学 **4**, 112-149.)

針生悦子 1997 語の学習における制約（原理）：どこまで生得でどこまで学習か 認知科学 **4**, 97-111.

今井むつみ編 1997 ことばの学習の起源 認知科学 **4**, 75-98. 日本認知科学会

今井むつみ編 2000 心の生得性——言語・概念獲得に生得的制約は必要か 共立出版

ケネス・ケイ 1982 鯨岡 峻・鯨岡和子共訳 1993 親はどのようにして赤ちゃんをひとりの人間にするか ミネルヴァ書房

国立国語研究所編 1972 幼児の読み書き能力 東京書籍

久保田正人 1984 言語・認識の共有 藤永 保・須賀哲夫・久保田正人・清水御代明・鹿取廣人（講座 現代の心理学5 認識の形成）小学館 175-256.

鯨岡 峻 1997 原初的コミュニケーションの諸相 ミネルヴァ書房

鯨岡 峻・鯨岡和子 1989 母と子のあいだ——初期コミュニケーションの発達 ミネルヴァ書房

村井潤一 1986 言語機能の形成と発達 風間書房

中島 誠 1984 言語行動 発達II 個体発生（現代基礎心理学10）東京大学出版会

Nelson, K.E. 1974 Concept, word and sentence. *Psychological Review,* **81**, 267-285.

Rosch, E.H. 1973 On the internal structure of perceptual and semantic categories. In T.E. Moore (Ed.), *Cognitive development and the acquisition of language.* Academic Press.

Saywitz, K. & Wilkinson, L.C. 1982 Age-related differences in metalinguistic awareness. In S.A. Kuczaj II (Ed.), *Language development, Vol.2 : Language, thought and culture.* Lawrence Erlbaum Associates.

Tomasello, M. 1997 The pragmatics of word meaning. (認知科学 **4**, 59-74.)

11章

Ames, C. 1992 Classroom : Goals, structures, and student motivation. *Journal of Educational Psychology,* **84**, 261-271.

Ames, C. and Archer, J. 1988 Achievement goals in the classroom : Student's learning strategies and motivation processes. *Journal of Educational Psychology,* **80**, 260-267.

Atkinson, J.W. and Litwin, G.H. 1960 Achievement motive and test anxiety conceived as motive to approach sucsess and motive to avoid failure. *Journal of Abnormal and Social Psychology,* **60**, 52-63.

Bandura, A., Ross, D. and Ross, S.A. 1963 Imitation of film-mediated aggressive models. *Journal of Abnormal and Social Psychology,* **66**, 3-11.

Butler, R. 1954 Cuorisity in monkeys. *Sci. Am.* (Feb.) 190 : **18**, 70-75. (Whittaker, J.

O. 1996 *Introduction to Psychology*. W.B. Sanders Company より)
Cannon, W.B. 1934 Hunger and thirst. In Murchison, C. (ed.): *Handbook of General Experimental Psychology*. Clark University Press, 247-263.
deCharms, R. 1976 *Enhancing motivation : Change in the classroom*. Irvington Publishers.
Harter, S. & Pike, R. 1984 The pictorial scale of perceived compentence and social acceptance for young children. *Child Dvelopment,* **55,** 1969-1982.
桜井茂男　1989　自信を育てる　杉原一昭編著　心を育てる乳児教育　教育出版　pp.15-22.
Teitelbaum, P. 1961 Disturbances in feeding and drinking behavior after hypothalamic lesions. In M.R. Jones (Ed.), *Nebraska Symposium on Motivation*. University of Nebraska Press. (Morgan, K.R. 1979 *Introduction to Psychology-Sixth Edition*. McGraw-Hill Book Company より)
渡辺弥生　1990　クラスの学習目標の認知が生徒の学業達成に及ぼす影響　教育心理学研究　**38,** 198-204.
渡辺弥生・高野清純　1986　援助行動の動機づけの発達　筑波大学心理学研究　**8,** 81-86.

12章

エリクソン　1959　小此木啓吾訳　1973　自我同一性　誠信書房
(Erikson, E.H. 1959 Identity and life cycle : Selected papers. In Psychological Issues.Vol.1. International Universities Press.)
ハヴィガースト　1953　荘司雅子訳　1995　人間の発達課題と教育　玉川大学出版部
(Havighurst, R,J. 1953 Human Development and Education. Longmans, Green.)
板倉昭二　1999　自己の起源：比較認知科学からのアプローチ　金子書房
門脇厚司　1995　社会化異変の諸相　門脇厚司・宮台真司編　「異界」を生きる少年少女　東洋館出版社　pp.3-23.
神田信彦　1994　発達の科学　こころの科学　ソフィア　pp.136-170
前田重治　1994　続　図説臨床精神分析学　誠信書房
岡田努　1999　現代大学生の認知された友人関係と自己意識の関連について　教育心理学研究　**47,** 442-449.
大平健　1995　やさしさの精神病理　岩波書店
佐治守夫　1970　人格（講座心理学10）　東京大学出版会
千石保　1991　「まじめ」の崩壊：平成日本の若者たち　サイマル出版会
総務庁青少年対策本部　1996　日本の青少年の生活と意識：青少年の生活と意識に関する基本調査報告書
菅原ますみ　1996　気質　青柳肇・杉山憲司編著　パーソナリティ形成の心理学　福村出版
高垣忠一郎　1988　自分をつくる　心理科学研究会編　かたりあう青年心理学　青木書店　pp. 55-82
塚田毅　1980　人格心理学概説　共立出版

13章

伊藤裕子　2000　思春期・青年期のジェンダー　伊藤裕子編　ジェンダーの発達心理学　ミネルヴァ書房
伊藤裕子・秋津慶子　1983　青年期における性役割観および性役割期待の認知　教育心理学研究　**31,** 146-151.
Kashiwagi, K. 1989　柏木惠子編　1992　パーソナリティの発達（新・児童心理学講座第10巻）　金子書房
川上正澄　1982　男の脳と女の脳　紀伊國屋書店
コールバーグ　1966　子供は性別役割をどのように認知し発達させるか　マッコビィ編　青木

やよいほか訳　1979　性差　家政教育社
日本性教育協会　1983　青少年の性行動（第2回）　小学館
齊藤誠一　1998　からだの変化との出会い　落合良行編　中学1年生の心理　大日本図書
東京都幼稚園・小・中・高・心障性教育研究会　1999　児童・生徒の性（1999年調査）　学校図書

14章

ベネッセ教育研究所　1998　規範感覚の崩れ――高校生の価値観　教育アンケート調査年鑑編集委員会編　1999　教育アンケート調査年鑑1999　創育社
Bryan, J.H. & Test, M.A. 1967 Models and helping. Naturatic studies in aiding behavior. *Journal of Personality and Social Personality*, **6**, 400-407.
Green, F.P. & Schneider, F.W. 1974 Age differences in the behavior of boys on three measures of altruism. *Child Development*, **45**, 248-251.
Latané, B. & Parley, J.M. 1968 Group inhibition of bystander intervention. *Journal of Personality & Social Psychology*, **10**, 215-221.
ラタネ・ダーリー　1970　竹村研一・杉崎和子訳　1977　冷淡な傍観者――思いやりの社会心理　ブレーン出版
ライフデザイン研究所　1999　若者の規範意識に関する調査　1999　教育アンケート調査年鑑1999　創育社
宗方比佐子・二宮克美　1985　プロソーシャルな道徳的判断の発達　日本教育心理学会27回発表論文集　157-164.
NHK放送文化研究所　1993　現代中学生・高校生の生活と意識　放送研究と調査　総務庁青少年対策本部編　1999　青年少年白書平成10年度版　大蔵省印刷局
岡島京子　1984　援助行動の内発的帰属に及ぼす外発的報酬の効果　日本教育心理学会26回発表論文集，40-41.
Rushton, J.P. 1984 The altruistic personality, in Staub, E. et al. (eds.), *Development and maintenance of prosocial behavior*, Plenum Press. pp. 271-290.
総務庁行政観察局　1997　いじめ・登校拒否・校内暴力問題に関するアンケート調査　総務庁青少年対策本部編　1999　青少年白書平成10年度版　大蔵省印刷局

15章

稲垣應顯・犬塚文雄編著　2000　わかりやすい生徒指導論　文化書房博文社
文部省大臣官房調査統計企画課　1992　平成4年度学校基本調査速報
文部省初等中等教育局　1992　登校拒否（不登校）問題について　学校不適応対策調査研究協力者会議報告
中山　巖編著　1995　教育相談の心理ハンドブック　北大路書房
日本知的障害福祉連盟編　1999　発達障害白書（2000年版）　日本文化科学社
高野清純　1973　神経性習癖児　黎明書房
高野清純・林　邦雄　1975　図説児童心理学事典　学苑社
高野清純・横島　章・新井邦二郎・高橋道子　1977　図説発達心理学　福村出版
田中恒男　1985　健康の生態学　大修館書店
筒井健雄編　1990　子どもと大人の心の健康　信教出版
内山喜久雄編著　1996　臨床教育相談学　金子書房
内山喜久雄・高野清純編　1977　心の健康　日本文化科学社

人名索引

ア行
アイゼンバーグ　161
東　洋　94
イザード　54,55,59
イタール　111
岩井　寛　178
ウエクスラー　109,118
ウオーク　24
エインズワース　89
エクマン　58
エリクソン　146,147
岡田　努　149

カ行
カーター　124
ギブソン　24,35
キャッテル　84
キャノン　52
ギルフォード　109
クラーク　127,128
クレッチマー　143
ゲゼル　42
コールバーグ　160,161

サ行
サーストン　109
ジェームズ　52
シモン　115
シャクター　53
シュテルン　108
シンガー　53
スキャモン　38
スピアマン　109,110

タ・ナ行
ダーウィン　54
高野清純　175
ターマン　108
ディアボン　108
中島　誠　123
中山　巖　176

ハ・マ行
バウアー　20,26
ハヴィガースト　146
バーノン　109
ハーロウ　86
バロン＝コウエン　15
バンデューラ　17
ピアジェ　13,17,43,66,68,69,72,78,161
ビネー　115
ファンツ　22
ブライアント　29
フリーマン　74
プルチック　57
ブルックス　32
フロイト　17,145
ボウルビィ　88
ホッホバーク　32
ボルク　12
森田洋司　170

ヤ・ラ・ワ行
ヤーキース　117
ラム　92
リュケ　34
ワトソン　42,51

事 項 索 引

ア 行
愛他行動得点　167
愛　着　87
愛着行動　88
アフォーダンス理論　35
安全の基地　87
いじめ　170
異種感覚情報　28
意味づけ　125
因子分析　109
ウイスク知能検査　118
運動視差　24,25
運動能力の発達　46,47
エディプス・コンプレックス　154
円城寺式・乳幼児分析的発達検査　113
援助行動　140
音の読み　129
音声と実在　127

カ 行
絵画・映像表現の理解　32
外的統制(者)　167
顔の知覚　30
鏡に写った像　144
拡散的好奇心　135
感覚運動期　43
感覚運動的図式　123
拮抗条件づけ　51
キティ・ジェノヴィーズ事件　162
機能の発達　123
規範意識　168
基本的生活習慣　48
ギャングエイジ　97
協応性の発達　45
強　化　177
共　感　62
具体的操作期　67,70,72
群性体　71
形式的操作　78,79
形式的な思考　78
系統的脱感作法　51
ゲゼルの実験　42
結晶性知能　84
原因(の)帰属　140,167
言語式検査　114

言語習得援助システム　125
言語性検査　118,120
言語性知能指数　120
原始語　125
現代青年の友人関係　106
攻撃欲求　139
心の理論　14,15,90
ことばの所記　127

サ 行
シェマ　67,123
ジェンダー　153
視覚的断崖　24
自我同一性　101,147
自我(の)発達　144,148
4・5歳児　126
自己抑制　155
自信の構造モデル　133
自発的微笑　56
自閉性発達障害　36
社会化　90
社会的遊び　96
社会的学習理論　17,154
社会的微笑　54,56
受　胎　11
生涯発達心理学　15
情　緒　50,58
情緒の制御　64
所　記　122
初　語　125
ストレンジシチュエーション法　89
スマーティの箱の中の鉛筆　74
性　格　142
生活年齢　116
精神年齢　114,117
精神分析理論　17,154
性的成熟　156
性的発達の性差　158
性同一性　153
青年期　146
性役割観　157
性役割期待　157
性役割行動　155
世界保健機構　178
責任の分散　165

選好注視　22
前操作期　71
相互調整するシステム　125
早熟児　39
双生児研究　16
相貌的知覚　67
ソシオメトリックテスト　99
素朴概念　81

タ 行
第1次歩行　18
胎　内　10
第二の個体化　101
台の行動　68
達成動機　138
脱中心化　72
知覚の恒常性　26
父親の子育て　92
知的写実性　34
知的障害　172, 173
知能の構造モデル　109
知能の他因子説　108
知能の臨界期　111
中枢説　52, 53
調　節　66
同一視　139
同　化　66
登校拒否　175, 176
動作性検査　118, 120
動作性知能指数　120
道徳性の発達　160
透明性　128
特殊的好奇心　135
特性論　142, 143

ナ 行
内的統制(者)　167
内発の動機づけ　134
内分泌攪乱化学物質　19
喃　語　122, 123
2歳児　126
認知発達理論　17, 154
ネオテニー　12
年間加速現象　40
能　記　122

ハ 行
発達加速現象　40, 113

発達課題　146
発達曲線　38
発達勾配現象　41
発達障害　172
発達段階説　13
バビンスキー反射　18
パフォーマンス志向性　136
晩熟児　39
非言語式検査　114
微笑反応　30
ビネー式知能検査　114
ビネーの知能観　115
標準誤信課題　14
表　象　68
表象の発達　123
表情分析システム　54, 59
分離不安　56
傍観者効果　165
保存テスト　72

マ 行
マクシ課題　14
マスタリー志向性　136
末梢起源説　52, 53
三つ山問題　73
メタ言語的能力　128
メタ言語の遊び　128
メタ認知　83
モデリング　102, 166
モニター・コントロールする能力　128
モニタリング　83
モラル　168
モロー反射　18

ヤ・ラ・ワ行
友人・仲間関係　104
有能感　133
養育態度の文化差　93, 94
幼形成熟　12

ラ・ワ 行
ライフスパン心理学　15
流動性知能　84
両眼視差　23, 25
類型論　142
レントゲン画　74
枠づけ　125

編　者

川島　一夫　信州大学教育学部

執筆者〈執筆順，（　）内は執筆担当箇所〉

川島　一夫（1章）　編　者
毛塚　恵美子（2章）　群馬県立女子大学文学部
橘川　真彦（3章）　宇都宮大学教育学部
首藤　敏元（4章）　埼玉大学教育学部
前田　明（5章）　大分大学理事
中野　隆司（6章）　山梨学院短期大学
前田　真理（7章）　前文京学院大学
中山　勘次郎（8章）　上越教育大学学校教育学部
簑毛　良助（9章）　鹿児島国際大学福祉社会学部
鈴木　情一（10章）　上越教育大学学校教育学部
渡辺　弥生（11章）　法政大学文学部
岡田　努（12章）　金沢大学文学部
伊藤　裕子（13章）　文京学院大学人間学部
髙尾　正（14章）　ニューポート大学西日本校
小宮　三弥（15章）　健康科学大学健康科学部

図でよむ心理学　**発達（改訂版）**

2001年4月1日　初 版 発 行
2007年12月10日　第14刷発行

編著者　　川 島 一 夫
発行者　　石 井 昭 男
発行所　　福村出版株式会社
〒113-0033　東京都文京区本郷4-24-8
電話　03-3813-3981

印刷・厚徳社　アトラス製本

© Kazuo Kawashima　2001
Printed in Japan
ISBN978-4-571-23041-7　C3011

福村出版 ◆ 好評図書

J.A.L. シング著／中野善達他訳
野生児の記録①
狼に育てられた子
● カマラとアマラの養育日記
◎1,400円　ISBN978-4-571-21501-8 C1311

狼に育てられた2人の少女の救出から人間社会への復帰に至るまでの養育日記。多くの示唆を与える必読の書。

A.V. フォイエルバッハ著／中野善達他訳
野生児の記録③
カスパー・ハウザー
● 地下牢の17年
◎1,400円　ISBN978-4-571-21503-2 C1311

地下牢に監禁され，17年間を過ごしたカスパー・ハウザー。1833年暗殺された彼の出現と成長の記録。

杉原一昭・新井邦二郎・大川一郎他著
よくわかる発達と学習
◎2,400円　ISBN978-4-571-22040-1 C3011

豊富な図表と必須のキーワード網羅，そして2色刷で見やすく役にたつ入門書。ディベートコーナーやトピック付。

繁多　進編著
乳幼児発達心理学
● 子どもがわかる　好きになる
◎2,000円　ISBN978-4-571-23038-7 C3011

子どもを見る目を養ってほしい。子どもを好きになってほしい。そんな願いを込めて編集された入門書。

高野清純監修
事例 発達臨床心理学事典
◎4,700円　ISBN978-4-571-24030-0 C3511

子どもの発達上の諸問題に関する重要な用語を広く精選し，解説に事例を付した発達臨床心理学事典の決定版。

編集企画／東　洋・繁多　進・田島信元
発達心理学ハンドブック
◎26,000円　ISBN978-4-571-23027-1 C3511

発達心理学を総合的に見渡し，社会文化的アプローチ等新しい理論もとりあげ，一冊にまとめあげた大著。

詫摩武俊監修
性格心理学ハンドブック
◎20,000円　ISBN978-4-571-24032-4 C3511

今までの性格心理学および関連分野からの研究成果の集大成と新しい性格観を4部構成にまとめる。

◎価格は本体価格です。